EFFEKTIVE
WUTBE
WÄLTIGUNG
FÜR
HERANWACHSENDE

I0155410

FRUSTRATION BEWÄLTIGEN, WUT ABBAUEN UND EIN GLÜCKLICHERES LEBEN FÜHREN: MIT ACHTSAMKEIT, EINFÜHLUNGSVERMÖGEN UND STÄRKE DURCH DIE STÜRME DER PUBERTÄT NAVIGIEREN.

Emma Davis

Impact
— PUBLISHING —

ÍNDICE

Diese Seite wurde absichtlich leer gelassen

EINFÜHRUNG

Wenn du in einem Moment des Zorns geduldig bist,
bleiben dir hundert Tage des Kummers erspart.
                                                  - Chinesisches Sprichwort

H AST DU SCHON einmal einen Sturm in dir gespürt, der so stark
war, dass er zu toben und Verwüstung anzurichten drohte? Wenn
du ein Teenager bist oder jemand, der sich viel um ihn sorgt,
kennst du diesen Sturm nur zu gut. Es ist der Sturm der Wut, eine
heftige und oft missverstandene Emotion, die so sehr zu dir gehören
kann wie dein eigener Herzschlag. Aber was wäre, wenn ich dir sagen
würde, dass dieser Sturm nicht nur das Potenzial für Zerstörung hat,
sondern auch die Kraft für unglaubliche Veränderungen? Dies ist nicht
nur ein Leitfaden, sondern eine Reise in das Herz deines Sturms, bei
der wir gemeinsam lernen, wie wir diese Kraft nutzen und sie in eine
Kraft der Selbstkontrolle, besserer Beziehungen und des emotionalen
Wohlbefindens verwandeln können.

Auf dieser Reise versuchen wir nicht nur, die Wut im traditionellen
Sinne zu "bewältigen", bei dem Gefühle unterdrückt und Emotionen
versteckt werden. Unser Ziel ist es, die Wurzeln der Wut zu verstehen,
ihre Botschaften effektiv zu vermitteln und ihre Energie konstruktiv
zu kanalisieren. Bei diesem Ansatz geht es nicht darum, deine Gefühle
zu verleugnen, sondern deine Emotionen als wertvolle Signale zu
akzeptieren, die dir dabei helfen, dich selbst zu verstehen und mit deiner
Umwelt umzugehen.

Beim Schreiben dieses Buches habe ich auf meine umfangreichen
Erfahrungen und mein Fachwissen als klinische Sozialarbeiterin und

Therapeutin zurückgegriffen. Durch meine Arbeit mit Jugendlichen, die mit verschiedenen praktischen und emotionalen Herausforderungen konfrontiert sind, habe ich aus erster Hand erfahren, was Wut in den heranwachsenden, beeinflussbaren Köpfen von Teenagern anrichten kann. Auch Kinder und ihre Wutanfälle sind mir nicht fremd. Als Mutter von neun Kindern kenne ich die Höhen und Tiefen des Heranwachsens. Meine Erfahrung hat mich gelehrt, dass viele Teenager an einem Scheideweg stehen, einen Übergang erleben und nach Wegen suchen, um mit dem Labyrinth ihrer eigenen Gefühle umzugehen. Die Emotion Wut, die für viele Menschen ein ständiger Begleiter ist, hat das Potenzial, die Flammen der Zerstörung zu schüren oder, in ihrem Fall, den Weg zu persönlicher Entwicklung und Selbstbestimmung zu erhellen. Dieses Buch ist ein Leuchtfeuer für Menschen, die sich in der Dunkelheit verirrt haben. Es zeigt ihnen einen Weg, wie sie zu sich selbst und dem mächtigen Potenzial, das in ihnen steckt, zurückfinden können.

Wut kann eine ziemlich tödliche Bestie sein, mit der man allein nur schwer umgehen kann. Als Folge der Herausforderungen, mit denen Jugendliche konfrontiert sind, wie sozialer Druck, Schulstress, die Suche nach Identität und der Kampf um Autonomie, scheint diese Bestie in der Pubertät noch furchterregender zu werden. Die Wut flüstert dir ein, dass du mit deiner Wut allein bist, dass dich niemand versteht und dass es keine Möglichkeit gibt, das Feuer, das in dir brennt, einzudämmen.

Doch die Wahrheit beinhaltet Freiheit in Hülle und Fülle. Sie macht dich frei. Wenn man ihr bewusst zuhört, ist Wut keine Bestie, sondern ein Signal, eine Botschaft, die zu tiefer Selbsterkenntnis und wahrer Veränderung führen kann. Stell dir einen Teenager, Alex, vor, der jedes Mal, wenn er beim Reden unterbrochen wird, eine Welle der Wut verspürt. Auf den ersten Blick mag diese Wut wie eine einfache Reaktion auf Frustration erscheinen. Wenn er sich diese Wut jedoch bewusst anhört, beginnt er zu verstehen, dass es nicht nur darum geht, unterbrochen zu werden, sondern dass es ein tief sitzendes Gefühl ist, nicht gehört und unterbewertet zu werden, das schon seit Jahren anhält.

Alex wurde dies während eines Familienessens bewusst, einer Situation, in der es häufig zu Unterbrechungen kam. Anstatt wie üblich zu reagieren, beschloss Alex, darüber nachzudenken, warum diese bestimmte Handlung eine so starke Wut auslöste. Als er diese Erfahrung in sein Tagebuch schrieb und in einem ruhigen Moment mit einem Familienmitglied darüber sprach, entdeckte Alex, dass diese Wut eigentlich ein Signal war, das auf sein Bedürfnis nach Respekt und Wertschätzung innerhalb seiner Familie hinwies.

Auf der Grundlage dieses neuen Verständnisses begann Alex ein Gespräch mit ihrer Familie über Kommunikationsstile und die Wichtigkeit, gehört zu werden. Dadurch verbesserte sich nicht nur der Umgang mit ihrer Familie, sondern Alex konnte auch ihre Gefühle und Bedürfnisse in anderen Beziehungen klarer ausdrücken, was zu einer positiven Veränderung in Alex' Gefühlswelt führte.

Das Ziel dieses Buches ist es, mit den Mythen rund um die Wut aufzuräumen, die Ängste und Missverständnisse zu zerstreuen, die sie oft begleiten, und die Kraft und das Wissen zu enthüllen, die Wut geben kann. Mein Engagement für die Stärkung von Jugendlichen geht über das Schreiben hinaus: Ich betreibe eine Therapiepraxis und eine Agentur für finanzielle Bildung, die sich an Jugendliche richtet, und biete Online-Kurse zu zwischenmenschlichen Fähigkeiten, Dankbarkeit und Glück an. Mit diesem breiten Spektrum an Erfahrungen und Fachwissen bin ich bestens positioniert, um die Leserinnen und Leser durch die transformative Reise zum Verständnis und zum effektiven Umgang mit ihrer Wut zu führen. Es ist fast schon ein Impuls und ein Gefühl der Verantwortung, das mich zu diesem Vorhaben motiviert hat.

In diesem Buch begibst du dich auf eine Entdeckungs- und Forschungsreise, während du dich durch diese Seiten bewegst. Du wirst die neurowissenschaftlichen Grundlagen der Wut erforschen und verstehen, wie das jugendliche Gehirn auf unterschiedliche Weise funktioniert und emotionale Reaktionen beeinflusst. Du wirst die Fähigkeit erlangen, zwischen dem Erleben von Wut und dem Handeln danach zu unterscheiden, und du wirst erkennen, dass der Raum dazwischen dein Einflussbereich ist.

Auf diesem Weg geht es nicht nur darum, zu lernen, die Wut zu kontrollieren, sondern auch darum, ein tieferes Bewusstsein dafür zu erlangen, wer du bist. Es ist wichtig, deine Auslöser zu erkennen, aber genauso wichtig ist es, die Gründe für ihre Existenz zu verstehen. Der Schlüssel liegt darin, die Muster zu erkennen, die in deinen Reaktionen auftauchen, und die Fähigkeiten zu erwerben, die notwendig sind, um diese Skripte umzuschreiben. Durch diese Erfahrung wirst du lernen, deine Bedürfnisse und Gefühle auf eine konstruktive statt destruktive Art und Weise zu kommunizieren, die Verbindung statt Distanz fördert.

Sobald du dieses Wissen hast, bekommst du eine Reihe von Taktiken an die Hand, die dir nicht nur helfen sollen, die Situation zu bewältigen, sondern die dir auch helfen, effektiver zu werden. Dir stehen verschiedene Werkzeuge zur Verfügung, wie z.B. Achtsamkeitsmethoden, die dir helfen, inmitten des Sturms das Gleichgewicht zu halten, Kommunikationsfähigkeiten, die es dir ermöglichen, Türen zu öffnen, anstatt sie zu schließen, und kreative Möglichkeiten, die es dir ermöglichen, deine Energie produktiv zu nutzen.

Um einen umfassenden Leitfaden zu erstellen, der vom Verstehen zum Handeln führt, ist jedes Kapitel so aufgebaut, dass es auf dem vorherigen Kapitel aufbaut. Du erwirbst das Wissen und die Fähigkeiten, die du brauchst, um dich schnell zu beruhigen, indem du praktische Übungen, konstruktive Konfrontationstechniken und Taktiken zur Reflexion deines Ärgers im gegenwärtigen Moment anwendest. Dieses Buch bietet keine universell anwendbare Lösung, sondern eine Anpassungsstrategie, die deine Einzigartigkeit berücksichtigt.

Dieses Buch sammelt die Erfahrungen junger Menschen, die sich wie du mit ihren Wutgefühlen auseinandergesetzt haben und aus dieser Erfahrung belastbarer als zuvor hervorgegangen sind. Dies ist nicht nur eine Sammlung von Erfolgsgeschichten, sondern eine echte Beschreibung der Kämpfe, Misserfolge und kleinen Triumphe, die letztendlich zu erheblichen Verbesserungen führen. Wenn du diese Erfahrungen liest, wirst du erkennen, dass du mit diesen Emotionen oder Schwierigkeiten nicht allein bist. Es gibt eine Gemeinschaft von Menschen um dich herum, die diesen Weg schon vor dir gegangen sind, die sich der Bestie gestellt und herausgefunden haben, wie sie harmonisch mit ihr leben können. Dieses Buch basiert auf dieser Hoffnung.

Warum dieses Buch lesen?

An dieser Stelle fragst du dich vielleicht, warum ich mich entschieden habe, dich durch dieses Abenteuer zu begleiten. Mein Hintergrund im Bereich der Psychologie und meine Arbeit mit Jugendlichen umfasste mehrere Schlüsselrollen, von denen jede einzigartige Perspektiven und Herausforderungen bot, die mein Verständnis der emotionalen und verhaltensbezogenen Dynamik junger Menschen bereichert haben.

In dieser Funktion habe ich Einzeltherapiesitzungen mit Jugendlichen durchgeführt und dabei Probleme behandelt, die von leichten Ängsten und Stress bis hin zu komplexeren Problemen wie Depressionen und Wutmanagement reichen. In diesem intimen Rahmen konnte ich tiefer in die individuellen Erfahrungen mit Wut, ihren Auslösern und ihren Auswirkungen auf das persönliche und soziale Leben eindringen.

Bei meiner Arbeit in Bildungseinrichtungen hatte ich das Privileg, junge Menschen durch die täglichen Herausforderungen des Heranwachsens zu begleiten. In dieser Rolle habe ich sowohl proaktive Bildungsinitiativen durchgeführt, um den Schülerinnen und Schülern Emotionsregulierung beizubringen, als auch reaktive Interventionen, um Konflikte zu schlichten und sie in Krisensituationen zu unterstützen.

Meine Reise zum und vom Herzen der Wut ist nicht nur eine berufliche Suche, sondern auch eine persönliche Expedition, die von Herausforderungen und Entdeckungen geprägt ist. Mein Fundament in diesem Bereich basiert auf einem soliden akademischen Hintergrund in der Psychologie, wo ich die Komplexität menschlicher Emotionen und Verhaltensweisen erforscht habe. Dabei habe ich Abschlüsse erworben, die mir nicht nur ein tiefes Verständnis theoretischer Konzepte vermittelten, sondern mich auch in die Lage versetzten, dieses Wissen in der Praxis anzuwenden.

Jenseits von Klassenzimmern und Lehrbüchern hat mich mein beruflicher Weg in die enge Zusammenarbeit mit Jugendlichen geführt, um sie durch ihre turbulentesten Jahre zu begleiten. Dabei habe ich in den unterschiedlichsten Bereichen gearbeitet, von der privaten Praxis über die Schulberatung bis hin zu kommunalen Programmen für psychische Gesundheit. Jede Erfahrung hat meine Sichtweise bereichert und mir ermöglicht, aus erster Hand zu erfahren, welche verändernde Kraft ein konstruktiver Umgang mit Wut hat.

Der überzeugendste Aspekt meiner Erfahrung ist jedoch die Bewältigung meiner eigenen Wutstürme. Wie viele andere habe auch ich den heftigen Griff unausgesprochener Frustrationen und die Isolation gespürt, die mit unverstandenen Emotionen einhergehen kann. Mein persönlicher Weg, meine Wut zu verstehen, zu lernen, auf ihre Botschaften zu hören und ihre Energie für positive Veränderungen zu nutzen, war sowohl herausfordernd als auch aufschlussreich. Diese Reise hat nicht nur mein Einfühlungsvermögen und meine Verbindung zu den Menschen, denen ich helfe, vertieft, sondern auch meinen Glauben an das Potenzial für persönliches Wachstum und Transformation durch die bewusste Auseinandersetzung mit unseren Emotionen gefestigt.

Ausgestattet mit dieser Mischung aus professionellem Fachwissen und persönlicher Erfahrung stehe ich dir nicht nur als Wegweiser, sondern auch als Mitreisender zur Seite. Dieses Buch ist eine Einladung, gemeinsam auf eine Reise des Verstehens zu gehen und die Art und Weise zu verändern, wie wir unsere Wut betrachten und mit ihr umgehen. Es geht darum, das, was sich oft wie ein Feind anfühlt, in einen unserer einfühlsamsten Verbündeten zu verwandeln, der uns zu mehr Selbstbewusstsein, besseren Beziehungen und emotionalem Wohlbefinden führt.

Ich habe sowohl den Schmerz ungesagter Worte als auch den Kummer über Worte, die nicht zurückgenommen werden können, erlebt. Meine Erfahrung hat mir gezeigt, dass es zum Verlust von Chancen, Beziehungen und sogar des eigenen Selbstwertgefühls führen kann, wenn man zulässt, dass die Wut unkontrolliert überkocht.

Vor allem aber habe ich das transformative Potenzial erkannt, das im Verstehen und Kontrollieren dieser Macht der Wut liegt. Ich stelle dir diese Lehren nicht aus einer Position der Überlegenheit heraus zur Verfügung, sondern aus einer Position der gemeinsamen Erfahrung und des Mitgefühls heraus. Ich bin nicht deshalb hier, um dir zu helfen, weil ich noch nie versagt habe, sondern weil ich in der Vergangenheit versagt habe und es dennoch geschafft habe, es zu überwinden.

Ich möchte dich ermutigen, einen mutigen Schritt nach vorne zu machen, auch wenn wir gemeinsam am Abgrund dieser Reise stehen. Dieses Buch ist mehr als nur ein Leitfaden; es ist ein Aufruf zum Handeln: ein Aufruf, dich deinen Gefühlen zu stellen und sie zu akzeptieren, dein Verhältnis zum Ärger zu verbessern und das unaufhaltsame Gefühl des Sommers in dir zu finden.

Wenn ja, dann lass uns loslegen. Gemeinsam werden wir das Terrain deiner Gefühle erkunden und die Werkzeuge und Methoden entdecken, die du brauchst, um dich erfolgreich durch die Komplexität der Wut zu navigieren. Wir werden falsche Vorstellungen untersuchen, Ängste ansprechen und am Ende wirst du nicht nur ein tieferes Verständnis für deine Wut haben, sondern auch eine gründliche Strategie, um sie als Motor für persönliche Entwicklung und Veränderung zu nutzen.

Lass uns gemeinsam den ersten Schritt auf einer Reise machen, die nicht nur deinen Umgang mit Wut verändern wird, sondern auch deine Wahrnehmung von dir selbst und deiner Rolle in der Welt.

KAPITEL 1

Die Natur des Zorns in der Pubertät

Für jede Minute, die du wütend bleibst, gibst du sechzig Sekunden Seelenfrieden auf.
- Ralph Waldo Emerson

WÄHREND DER GESAMTEN Jugend ist Wut eine mächtige Energie, die oft missverstanden und verunglimpft wird. Ob sie während eines Streits auftaucht1 , unter der Oberfläche brodelt oder uns zu unvorhergesehenen Hindernissen oder Veränderungen antreibt, sie kann jeden Moment ausbrechen. Aber im Grunde ist Wut nichts anderes als eine Botschaft, die uns, wenn wir sie verstehen, viel über unsere Grenzen, Prioritäten und Wünsche verraten kann. Dieses Kapitel räumt mit gängigen Vorstellungen über Wut und ihre Ursachen auf, indem es die Natur der Wut untersucht. Das Verständnis der vielschichtigen Natur der Wut ist nur der Anfang. Was unsere Welt wirklich verändert, ist die Art und Weise, wie wir mit diesem Wissen umgehen. Indem wir uns bewusst mit unserer Wut auseinandersetzen, nicht als Gegner, sondern als Wegweiser, beginnen wir eine tiefgreifende Reise der Selbstentdeckung und des Wachstums. Das ist nicht nur theoretisch, sondern ein praktischer Weg zur Transformation. Wenn wir diese Erkenntnisse anwenden und uns auf eine Reise des bewussten Nachdenkens und Handelns begeben, werden wir spürbare Veränderungen in unserem Leben und unseren Beziehungen feststellen.

1

Lass uns erkunden, wie sich diese Reise entwickelt und zu zwei grundlegenden Ergebnissen führt, die unseren Umgang mit Wut neu definieren.

Vorfall 1

Situation: Zwischen einem Vater und seinem jugendlichen Sohn kommt es zu einer kleinen Meinungsverschiedenheit.

Reaktion: Das heranwachsende Kind reagiert, indem es die Eltern anschreit und in der Hitze des Gefechts die Kontrolle über seine Gefühle verliert.

Vorfall 2

Situation: Se produce un pequeño desacuerdo similar, en el que está implicado otro adolescente.

Reaktion: Der Teenager zieht sich still in sein Zimmer zurück, um eine direkte Konfrontation zu vermeiden, aber innerlich brodelt es noch immer vor Wut.

Trotz der deutlichen Unterschiede zwischen diesen Reaktionen - die eine ist äußerlich und explosiv, die andere innerlich und unterdrückt - werden beide von derselben Grundemotion angetrieben: Wut. Die unterschiedlichen Reaktionen lassen sich auf ein komplexes Zusammenspiel von Faktoren zurückführen, wie z. B. die einzigartige Funktionsweise des jugendlichen Gehirns, das seine Fähigkeit, Emotionen zu regulieren, noch entwickelt; individuelle Erfahrungen, die bestimmen, wie Emotionen auszudrücken oder zu unterdrücken gelernt werden; und kulturelle Erwartungen, die vorschreiben, wie Wut sozial akzeptabel zu zeigen ist. Diese Beispiele zeigen, dass sich Wut zwar in sehr unterschiedlichen Verhaltensweisen äußern kann, dass es aber entscheidend ist, die Ursachen und Einflüsse zu verstehen, um auf die emotionalen Bedürfnisse einzugehen, die diesen Reaktionen zugrunde liegen.

In diesem Kapitel werden wir einige der gängigen Missverständnisse über Wut ausräumen und ihre doppelte Natur als Problem und Chance für die persönliche Entwicklung untersuchen. Wir werden auch die besondere Verbindung zwischen Wut und dem jugendlichen Gehirn untersuchen. Verständnis und Einfühlungsvermögen sind unerlässlich, um mit den Höhen und Tiefen jugendlicher Wut umzugehen, die in diesem Kapitel anhand von Anekdoten, Daten und aktuellen Forschungsergebnissen beleuchtet werden.

Die Natur der Wut bei Jugendlichen

Die Adoleszenz ist eine Zeit, die von tiefgreifenden Veränderungen geprägt ist, die über das sichtbare körperliche Wachstum hinausgehen. Es ist eine Zeit intensiver Hormonschübe und bedeutender neurologischer Entwicklungen, die einen Wirbelsturm von Emotionen und Reaktionen hervorrufen können, den sowohl Jugendliche als auch ihre Erziehungsberechtigten oft als beunruhigend empfinden. Die Erforschung von Wut, insbesondere im Zusammenhang mit den Veränderungen in der Pubertät, ist wichtig, um zu verstehen, warum Emotionen in diesen Jahren so verstärkt auftreten können.

Wie Dr. Charles Spielberger, ein Psychologe, der sich beruflich mit der Erforschung von Wut beschäftigt, betont, umfasst Wut ein breites Spektrum, das von leichtem Ärger bis zu intensiver Wut und Hass reicht. Sie ist nicht nur eine emotionale Veränderung, sondern wird von spürbaren hormonellen und physiologischen Veränderungen begleitet. Wenn zum Beispiel Wut aufkommt, ist ein Anstieg des Adrenalin- und Noradrenalinspiegels zu beobachten. Diese hormonelle Reaktion löst eine Kaskade von körperlichen Reaktionen aus, wie z. B. eine beschleunigte Herzfrequenz und einen erhöhten Blutdruck, die den Körper auf die wahrgenommene Bedrohung oder Herausforderung vorbereiten. Diese Reaktionen sind Teil der körpereigenen Kampf- oder Fluchtreaktion, einem Überlebensmechanismus, der zwar lebenswichtig ist, aber in Situationen, in denen solch intensive Reaktionen nicht gerechtfertigt sind, zu übersteigerter Aggression oder Rückzug führen kann.

Diese physiologischen Veränderungen zu verstehen, ist besonders bei Jugendlichen wichtig, deren hormonelle Landschaft bereits in Aufruhr ist. In dieser Zeit der raschen und manchmal verwirrenden Veränderungen können Wutgefühle besonders intensiv sein, so dass Jugendliche sich überwältigt fühlen oder umgekehrt von ihren Gefühlen abgekoppelt sind. Indem wir unsere Untersuchung der Wut in den breiteren Kontext der jugendlichen Entwicklung stellen, wollen wir beleuchten, wie diese biologischen Veränderungen eine grundlegende Rolle dabei spielen, wie die Wut erlebt und ausgedrückt wird. Die Erkenntnis der zugrundeliegenden biologischen Prozesse kann sowohl den Jugendlichen als auch ihrem Umfeld helfen, einfühlsamer und effektiver durch diese unruhigen Gewässer zu navigieren, was letztendlich zu einem gesünderen Umgang mit Wut und deren Ausdruck führt.

> Das Verständnis der physiologischen Veränderungen, die hinter der jugendlichen Wut stecken, ist entscheidend für einen einfühlsamen und effektiven Umgang mit diesen turbulenten Emotionen.

Sowohl innere als auch umweltbedingte Faktoren können zur Entstehung von Wut beitragen. Wut kann sich gegen eine bestimmte Person richten (z. B. einen Chef oder Kollegen), gegen eine bestimmte Situation (z. B. einen Stau oder eine stornierte Reise), oder sie kann das Ergebnis davon sein, dass man sich mit Problemen in seinem persönlichen Leben beschäftigt oder sich darüber Sorgen macht. Erinnerungen an unangenehme oder schmerzhafte Erfahrungen können intensive Wutgefühle auslösen.

Die Wut Jugendlicher ist wohlbekannt und lässt Eltern oft mit Stimmungsschwankungen, knallenden Türen und Trotz kämpfen. Diese Verhaltensweisen sind kein bloßes Klischee, sondern können echte und dringende Herausforderungen für die Dynamik des Familienlebens darstellen.

Eltern haben vielleicht das Gefühl, dass sie ständig in höchster Alarmbereitschaft sind, weil ihre Kinder explosiv sind, unberechenbare Stimmungsschwankungen haben und sich ständig über scheinbar unbedeutende Dinge streiten, zum Beispiel darüber, wer den Abwasch machen muss oder wer zur Schule geht.

Dieses Verhalten hat nicht immer etwas mit ihren Handlungen oder Unterlassungen zu tun, denn Jugendliche in der Pubertät haben von Natur aus stärkere Emotionen. Wutausbrüche deines Teenagers sind unvermeidlich, egal wie gut du als Elternteil bist.

Aber vielleicht möchtest du etwas tun, um ihnen zu helfen, vor allem, wenn ihre Wut zu Selbstverletzungen, Gewalt oder Problemen mit Freunden oder der Familie führt.

Wusstest du, dass...?

Es gibt zwar kein einzelnes "Wuthormon", aber Adrenalin und Noradrenalin, die von den Nebennieren in Stresssituationen ausgeschüttet werden, lösen die Kampf- oder Fluchtreaktion aus und erhöhen die Herzfrequenz und Energie. Außerdem erhöht ein erhöhter Cortisolspiegel die Erregung und Wachsamkeit in Wutanfällen.

Hormonelle Katastrophe

Im Wirbelwind der pubertären Entwicklung spielen die Hormone eine Schlüsselrolle, denn sie haben einen erheblichen Einfluss auf die körperliche Reifung und die emotionale Volatilität. Unter ihnen spielen drei wichtige Hormone - Testosteron, Östrogen und Cortisol - eine entscheidende Rolle bei der Regulierung von Emotionen wie Wut.

Testosteron, das oft mit aggressivem Verhalten in Verbindung gebracht wird, steigt während der Pubertät deutlich an, besonders bei Jungen. Dieser Anstieg kann Gefühle von Aggression und

Konkurrenzdenken verstärken und so zum Ausdruck von Wut beitragen. Die Forschung hat gezeigt, dass ein erhöhter Testosteronspiegel mit erhöhter Reizbarkeit und Impulsivität zusammenhängt - Faktoren, die Wutausbrüche verstärken können.2

Östrogen wird zwar oft mit der weiblichen Fortpflanzung in Verbindung gebracht, beeinflusst aber auch die Stimmung und die Emotionsregulation bei beiden Geschlechtern. Schwankungen des Östrogenspiegels können zu Stimmungsschwankungen und erhöhter Stressempfindlichkeit führen und so das Erleben und den Ausdruck von Ärger beeinflussen. Studien haben gezeigt, dass Östrogen die Stressreaktion verstärken kann, was zu häufigeren oder intensiveren Wutausbrüchen führen kann.

Cortisol, das so genannte Stresshormon, spielt eine direkte Rolle bei der Kampf- oder Fluchtreaktion des Körpers. Erhöhte Cortisolwerte, vor allem in stressigen Umgebungen, können das Gefühl der Erregung und die Bereitschaft, defensiv zu reagieren, sogar mit Wut verstärken. Ein dauerhaft erhöhter Cortisolspiegel kann die Fähigkeit des präfrontalen Kortex zur Emotionsregulierung beeinträchtigen, so dass es schwierig wird, wütende Gefühle zu kontrollieren.

Das Zusammenspiel dieser Hormone während der Pubertät "schürt" nicht nur Gefühle, sondern verändert die Gehirnchemie und -struktur grundlegend, insbesondere in den Bereichen, die für die Emotionsregulierung und Entscheidungsfindung verantwortlich sind. Der präfrontale Kortex zum Beispiel, der für Impulskontrolle und Empathie entscheidend ist, reift in der Pubertät noch. Diese Entwicklungsphase in Verbindung mit hormonellen Schwankungen kann dazu führen, dass Jugendliche ihre Wut auf eine Art und Weise erleben und ausdrücken, die in keinem Verhältnis zum auslösenden Ereignis zu stehen scheint.

Fallstudie: Ethans Reise durch hormonelle Veränderungen und Wutmanagement.

Ethan, ein 15-jähriger Gymnasiast, ist bei seinen Eltern und Lehrern zunehmend für sein kurzes Temperament und seine aggressiven Reaktionen auf relativ kleine Ärgernisse bekannt. Bisher war Ethan für sein ruhiges Auftreten bekannt, doch seine plötzliche Verhaltensänderung gab Anlass zur Sorge und er wurde zur Beurteilung an einen Schulpsychologen überwiesen.

Verhaltensänderungen: Ethan zeigte eine deutliche Zunahme seiner Reizbarkeit, wobei er mehrfach verbale Ausbrüche gegen Lehrer und Mitschüler hatte. Außerdem beobachtete Ethan beim Sport ein gesteigertes Konkurrenzdenken, das manchmal in aggressiven Auseinandersetzungen mit Teamkameraden gipfelte.

Akademische Leistungen: Es wurde eine Verschlechterung von Ethans akademischen Leistungen beobachtet, vor allem in Situationen, die anhaltende Aufmerksamkeit und Geduld erforderten, was seine Frustration zu verschlimmern schien.

Bewertung

Hormonelle Untersuchung: Die Blutuntersuchung ergab einen erhöhten Testosteronspiegel, der bei Jungen in der Pubertät häufig vorkommt, bei Ethan aber auffällig hoch war. Außerdem wiesen die Cortisolwerte auf eine erhöhte Stressreaktion hin, die wahrscheinlich zu seinem schnellen Temperament und seiner Aggressivität beitrug.

Psychologische Beurteilung: Die Beurteilung machte deutlich, dass Ethan Schwierigkeiten hat, mit Stress umzugehen und die emotionalen Turbulenzen zu bewältigen, die mit seinem Entwicklungsstand verbunden sind. Außerdem zeigte sich, dass Ethan nicht über wirksame Bewältigungsmechanismen verfügt, um mit seiner Wut umzugehen.

Intervention

Kognitive Verhaltenstherapie (KVT): Ethan wurde in die KVT eingeführt, um ihm zu helfen, seine Wutauslöser zu erkennen, den Zusammenhang zwischen seinen Gedanken, Emotionen und Reaktionen zu verstehen und gesündere Bewältigungsstrategien zu entwickeln.

Stressbewältigungstechniken: Techniken wie tiefe Atemübungen, Achtsamkeit und körperliche Aktivität wurden empfohlen, um Ethan dabei zu helfen, seinen Stresspegel zu bewältigen und seinen Cortisolspiegel zu senken.

Familienberatung: In den Sitzungen wurde Ethans Familie über die physiologischen und psychologischen Aspekte der Pubertät aufgeklärt und mit Strategien ausgestattet, um Ethan in dieser Übergangsphase zu unterstützen.

Ergebnisse Über mehrere Monate hinweg verbesserte Ethan seine Fähigkeit, Wut und Stress zu bewältigen, erheblich. Er wurde geschickter darin, frühe Anzeichen von Frustration zu erkennen und Bewältigungsstrategien anzuwenden, bevor der Siedepunkt erreicht war. Seine Beziehungen zu Gleichaltrigen und seiner Familie verbesserten sich ebenso wie seine schulischen Leistungen. Dies zeigt, wie wirksam es ist, die zugrundeliegenden hormonellen Einflüsse anzusprechen und Ethan mit praktischen Fähigkeiten zur Emotionsregulierung auszustatten.

Das wachsende Gehirn

In der Jugend befindet sich der präfrontale Kortex - die Region, die für die Impulskontrolle, die Entscheidungsfindung und das Verständnis der Konsequenzen von Handlungen verantwortlich ist - noch in der Ausbildung. Diese Entwicklungsverzögerung kann dazu führen, dass sich Jugendliche in einer turbulenten Gefühlslandschaft bewegen, ohne über alle kognitiven Fähigkeiten zu verfügen, die für differenzierte Reaktionen notwendig sind. Aufgrund dieser Entwicklungsverzögerung kann die Wut der Menschen unerwartet und unverhältnismäßig ausbrechen, als ob sie einen Vorschlaghammer schwingen würden, obwohl ein Skalpell angemessener wäre. Diese Metapher veranschaulicht nicht nur die Intensität, sondern auch die mangelnde Präzision, mit der Jugendliche auf Situationen reagieren, die eine maßvollere Herangehensweise erfordern, und macht deutlich, vor welchen Herausforderungen sie stehen, wenn sie ihre Emotionen effektiv steuern wollen.

Identitätskrise und persönliche Freiheit

Die Identitätsentwicklung und die Suche nach Autonomie sind zwei weitere Merkmale der Adoleszenz. Während sie herausfinden, wer sie sind und die Grenzen des akzeptierten Verhaltens überschreiten, geraten Jugendliche auf diesem Weg oft in Konflikt miteinander. Wut kann ein starker Ausdruck von Unabhängigkeit oder Unzufriedenheit mit empfundenen Ungerechtigkeiten sein. Die Überwindung dieser Phase ist wichtig, aber sie kann für diejenigen, die Jugendlichen helfen, und für die Jugendlichen selbst verwirrend sein, wenn sie diese Gefühle durchleben.

Gleichzeitig bringt das Streben nach Autonomie - der Wunsch, selbstständig und unabhängig zu sein - Jugendliche oft in Konflikt mit gesellschaftlichen Normen und familiären Erwartungen, was zu unvermeidlichen Konflikten führt. Bei diesen Konflikten handelt es sich nicht nur um persönliche Kämpfe, sondern sie sind in einem breiteren soziokulturellen und strukturellen Rahmen angesiedelt, der die Erkundung der Identität einschränkt und erleichtert. In ihrem Streben nach Autonomie können Jugendliche akzeptierte Verhaltensweisen und Normen in Frage stellen und ihre Wut als mächtiges Mittel einsetzen, um ihre entstehende Identität zu behaupten und ihre Unzufriedenheit mit wahrgenommenen Ungerechtigkeiten auszudrücken.

Die soziologische Perspektive betont, dass diese Konflikte und die damit einhergehenden emotionalen Turbulenzen nicht nur natürlich sind, sondern für eine gesunde Entwicklung notwendig. Diese Phase kann jedoch besonders schwierig sein, sowohl für Jugendliche, die herausfinden, wer sie sind, als auch für diejenigen, die sie unterstützen. Die Komplexität der Identitätsbildung wird durch die verschiedenen Einflüsse von Gleichaltrigengruppen, den Medien und den Erwartungen der Gesellschaft noch verstärkt, was zu Konflikten und folglich zu emotionalen Äußerungen wie Wut führen kann.

Das Verständnis der soziologischen Grundlagen von Identitätsentwicklung und Autonomie kann Eltern, Erziehern und Beratern wertvolle Einsichten vermitteln. Die Erkenntnis, dass diese Äußerungen von Wut und Konflikten Teil eines umfassenderen

Veränderungsprozesses sind, kann einfühlsame und unterstützende Ansätze für die Begleitung von Jugendlichen in dieser kritischen Phase ihres Lebens erleichtern. Es unterstreicht, wie wichtig es ist, Räume zu schaffen, in denen Jugendliche ihre sich entwickelnde Identität sicher erkunden und ausdrücken können, während sie lernen, sich in den sozialen Strukturen zurechtzufinden, die ihre Erfahrungen prägen.

Spektrum des Ausdrucks

Es gibt eine große Bandbreite an Ausdrucksformen von Wut unter Jugendlichen. Viele lassen ihre Frustration in Form von gewalttätigen oder verbalen Angriffen raus, aber andere unterdrücken sie und sind am Ende sehr negativ über sich selbst. Unterschiede in der "angemessenen" Art und Weise, Wut auszudrücken, können auf eine Vielzahl von Ursachen zurückzuführen sein, wie z. B. individuelle Unterschiede, Bewältigungsmechanismen und kulturelle Geschlechternormen. Dies kann einen konstruktiven Ausdruck von Emotionen unterdrücken und schädliche Vorurteile verstärken.

Stell dir Aliya und Reema vor, zwei Teenager, die dieselbe High School besuchen, aber aus unterschiedlichen Kulturkreisen stammen. Aliya ist in einer Familie aufgewachsen, in der Stoizismus und Kontrolle über den Ausdruck von Emotionen großgeschrieben werden. Sie hat gelernt, dass es unangemessen und unpassend ist, Wut zu zeigen, besonders für Frauen. Daher neigt sie dazu, ihre Frustrationsgefühle zu unterdrücken, was dazu führt, dass sie ihre Wut verinnerlicht. Das äußert sich oft in stillem Rückzug oder passiv-aggressivem Verhalten, da sie gelernt hat, dass offenes Ausdrücken von Wut ihren kulturellen und geschlechtsspezifischen Erwartungen widerspricht. Ihr bevorzugter Bewältigungsmechanismus ist das Schreiben in ein Tagebuch, das ihr ein privates Ventil bietet, um ihre Emotionen zu verarbeiten, ohne gegen die Regeln zu verstoßen, die sie zu befolgen gelernt hat.

Reema ihrerseits kommt aus einem Umfeld, das den offenen Ausdruck von Emotionen fördert und ihn als gesunden und notwendigen Aspekt der persönlichen Entwicklung betrachtet. Sie ist jedoch mit geschlechtsspezifischen gesellschaftlichen Normen konfrontiert, die Frauen ungerechterweise als übermäßig emotional abstempeln, wenn sie ihre Wut offen ausdrücken. Um einen Ausgleich zwischen der Ermutigung durch ihre Familie und der gesellschaftlichen Stigmatisierung zu finden, entscheidet sich Reema oft für eine selbstbewusste Kommunikation, um ihre Wut konstruktiv auszudrücken. Sie beteiligt sich an Debatten und Diskussionen, sowohl persönlich als auch in den sozialen Medien, um ihre Frustration in Lobbyarbeit und Veränderungen zu kanalisieren, mit dem Ziel, schädliche Stereotypen, die die Wut von Frauen stigmatisieren, anzusprechen und zu verändern.

Die gegensätzlichen Erfahrungen von Aliya und Reema verdeutlichen das komplexe Zusammenspiel zwischen individuellen Bewältigungsmechanismen und kulturellen und geschlechtsspezifischen Normen, die vorschreiben, wie man seine Wut "angemessen" ausdrückt. Ihre Geschichten verdeutlichen, wie gesellschaftliche Erwartungen nicht nur den konstruktiven Ausdruck von Emotionen unterdrücken, sondern auch schädliche Stereotypen verstärken können, so dass es wichtig ist, verschiedene emotionale Ausdrucksformen in unterschiedlichen kulturellen und geschlechtsspezifischen Kontexten zu erkennen und zu würdigen.

Einfühlungsvermögen und Verständnis

Es braucht ein bisschen Neurobiologie, Toleranz und Einfühlungsvermögen, um die komplexe Dynamik der jugendlichen Wut zu erkennen. Den Ursprung des emotionalen Sturms zu verstehen ist genauso wichtig wie ihn zu überstehen. Wir können Heranwachsenden am besten helfen, wenn wir die komplexe Beziehung zwischen ihrem sich verändernden Hormonspiegel, ihrem wachsenden Gehirn und ihrer Suche nach Selbstfindung verstehen. Auch wenn es eine harte Zeit ist, bietet diese Phase viele Möglichkeiten zum Lernen und zur Entwicklung. Mit der Hilfe verständnisvoller und einfühlsamer Erwachsener können Jugendliche lernen, ihre Wut zu kontrollieren und sie zum Guten zu nutzen, anstatt alles noch schlimmer zu machen.

Das jugendliche Gehirn und Wut

Hast du schon mal darüber nachgedacht, warum es für dich als Teenager so ist, als wärst du mitten in einem Sturm? In der einen Minute läuft noch alles glatt und dann findest du dich plötzlich inmitten eines Sturms von Gefühlen wieder, vor allem Wut. Im Kern ist dieser emotionale Strudel nicht nur auf die hormonelle Wildheit zurückzuführen, sondern auch auf einen faszinierenden und komplizierten Tanz, der sich im jugendlichen Gehirn abspielt.

Ein sich entwickelnder Geist

In den Köpfen der Jugendlichen ist ein Kunstwerk im Entstehen, eine Landschaft, die aufgebaut wird. Stell dir ein Hausrenovierungsprojekt vor, bei dem die Sanitäranlagen und die Elektrik erneuert werden, während die Bewohner/innen weiterhin in der Wohnung wohnen. So ähnlich sieht dein Gehirn in der Pubertät aus. Die Verarbeitung und der Ausdruck von Emotionen, wie z.B. Wut, werden maßgeblich von dieser Phase der Gehirnentwicklung beeinflusst, die eine der wichtigsten nach der Kindheit ist.

Die Amygdala, das Zentrum der Gefühle

Die mandelförmige Ansammlung von Neuronen, die als Amygdala bekannt ist, ist das emotionale Epizentrum dieser Aufregung. Sie fungiert als Frühwarnsystem im Gehirn, das immer auf der Suche nach Bedrohungen für das emotionale Wohlbefinden und die Überlebensfähigkeit ist. Während der Pubertät läuft die Amygdala auf Hochtouren und wird immer empfindlicher und reaktionsfreudiger.

> Um jugendliche Wut zu beherrschen, muss man den komplizierten Tanz zwischen der überaktiven Amygdala und dem sich noch entwickelnden präfrontalen Kortex des jugendlichen Gehirns verstehen.

12

Aufgrund dieser erhöhten Empfindlichkeit können Gefühle stärker, realer und manchmal sogar dominanter werden. Die Amygdala ist dafür verantwortlich, Wachsamkeit auszulösen, wenn Wut auftaucht, und zwar mit mehr Kraft und Dringlichkeit als im späteren Leben.

Der Frontallappen: Eine Stimme des Denkens

Der Bereich des Gehirns, der für das Denken, die Planung und die Selbstkontrolle zuständig ist, ist der präfrontale Kortex, den du jetzt kennenlernen wirst. Er trifft als Kopf des Gehirns Urteile und zieht Konsequenzen in Betracht. Wo liegt das Problem? Dieser Chef befindet sich noch in seinen prägenden Jahren. Wenn ein Mensch Mitte zwanzig ist, hat er den präfrontalen Kortex, einen der hinteren Teile des Gehirns, voll entwickelt.

Wenn die Amygdala ein überbeschützendes Sicherheitssystem und der präfrontale Kortex eine ineffektive Überwachungszentrale wäre, wäre das wie eine Entwicklungslücke zwischen den beiden. Was ist die Folge? Wut und andere emotionale Reaktionen können schnell, stark und manchmal übertrieben sein.

Verbindungen knüpfen: Gehirnbahnen

Die Verdrahtung des Gehirns verändert sich während der Pubertät erheblich. Wir verstärken und stutzen die neuronalen Bahnen, also die Bahnen, über die das Gehirn mit sich selbst kommuniziert. Bahnen, die regelmäßig genutzt werden, werden gestärkt und solche, die nicht genutzt werden, werden abgebaut; dieser Prozess beruht auf dem Konzept "use it or lose it". Die Art und Weise, wie Heranwachsende ihre Umwelt und ihre Gefühle wahrnehmen und darauf reagieren, wird von dieser Umgestaltung beeinflusst. Die Gewohnheiten, die wir in dieser Zeit entwickeln, können uns also für eine lange Zeit beeinflussen, unabhängig davon, ob es sich um gute Bewältigungsmethoden handelt oder nicht.

Die Bedeutung von Hintergrund und Situation

Nicht nur die Biologie spielt eine Rolle beim Schreiben dieses Drehbuchs, sondern auch die Erfahrung und das Umfeld sind wichtige Akteure. Das Umfeld der Jugendlichen, die Handlungen, die sie sehen, und die Kritik, die sie erhalten, beeinflussen, wie sie lernen, ihre Wut zu kontrollieren. Konflikte können in Lernmöglichkeiten umgewandelt werden, wenn Jugendlichen in einem fürsorglichen und unterstützenden Umfeld gesunde Methoden der Wutbewältigung vermittelt werden.

Die dreizehnjährige Jordan hatte einen heftigen Wutanfall, als sie aufgefordert wurde, das Videospiel auszuschalten und mit den Hausaufgaben zu beginnen. Sie war nicht nur frustriert, weil sie ihre Lieblingsbeschäftigung nicht machen konnte, sondern auch, weil sie sich kontrolliert fühlte und kein Mitspracherecht bei der persönlichen Zeiteinteilung hatte. Dieser Wutanfall war heftig, geprägt von Schreien und der Weigerung, der Aufforderung nachzukommen, und spiegelt einen tieferen Kampf mit Autonomie und dem Wunsch nach Unabhängigkeit wider.

Jordans Vater erkannte, dass der Wutanfall mehr als nur eine Reaktion auf die unmittelbare Aufforderung war, und beschloss, die Situation mit Einfühlungsvermögen statt mit Bestrafung anzugehen. Nachdem sich Jordan ein wenig beruhigt hatte, setzte sich der Vater mit ihm zusammen, um nicht nur über die Bedeutung der Hausaufgaben zu sprechen, sondern auch Jordans Gefühle über Autonomie und die Kontrolle über die eigene Zeit anzuhören. Gemeinsam legten sie einen neuen Zeitplan fest, der auf gegenseitigem Respekt und Verständnis basierte und sowohl Spiel als auch Hausaufgaben zuließ. Dieser Ansatz zeigte Jordan, dass seine Gefühle berechtigt waren und dass Konflikte durch Kommunikation gelöst werden konnten.

Dieser Vorfall hatte einen tiefgreifenden Einfluss auf Jordans Verhältnis zur Wut. Anstatt Wut als Feind oder Auslöser für Bestrafung zu sehen, lernte Jordan, sie als Zeichen für tiefere Bedürfnisse oder Konflikte zu sehen, die Aufmerksamkeit erfordern. Im Laufe der Zeit wurde Jordan immer geschickter darin, die Gründe für ihre Wutgefühle zu erkennen, und sie war eher bereit, sich auf einen offenen Dialog einzulassen, um sie anzusprechen. Dieser Wandel verbesserte auch ihre Fähigkeit, Konflikte in anderen Beziehungen zu bewältigen, förderte einen gesünderen Umgang mit Emotionen und verbesserte ihre Kommunikationsfähigkeiten. Die Reaktion und das Verständnis der Betreuerin löste nicht nur einen einzelnen Konflikt, sondern gab Jordan auch das nötige Rüstzeug, um in Zukunft mit Emotionen und Problemen umgehen zu können.

Umgang mit Widrigkeiten

Das Verständnis der neuronalen Grundlagen von Wut bei Jugendlichen wirft nicht nur ein Licht auf diesen faszinierenden Bereich der Gehirnentwicklung, sondern bietet auch eine Orientierungshilfe in diesen schwierigen Jahren. Dieser emotionale Sturm wird schließlich vorbeigehen, wie wir hier sehen können. Die Entwicklung des Gehirns macht komplexere und regulierte Wutausbrüche möglich.

Geduld und Mitgefühl sind sowohl für die Jugendlichen, die in den Sturm geraten, als auch für diejenigen, die sie begleiten, entscheidend. Es ist wichtig zu verstehen, dass diese extreme Wut eine Phase des Wachstums ist, die auf emotionale Reife vorbereitet. Jugendliche können diese schwierige Phase überstehen und gestärkt und klüger daraus hervorgehen, wenn wir ihnen Einfühlungsvermögen, Unterstützung und Möglichkeiten zur Bewältigung dieser Gefühle bieten. Diese Bemühungen stehen in direktem Konflikt mit der Wahrnehmung von Wut. Lasst uns versuchen, einige davon zu zerstreuen.

Missverständnisse über Wut

Die Wut Jugendlicher wird oft zu Unrecht kritisiert. Emotionen sind kompliziert und vielschichtig und spielen eine grundlegende Rolle für die menschliche Entwicklung. Dennoch werden sie in Geschichten über das Erwachsenwerden oft als Bösewichte dargestellt.

Um die falsche Darstellung und Kritik an der jugendlichen Wut anzugehen, ist ein differenziertes Verständnis ihrer Rolle in der Entwicklung und eine Anerkennung der oft eindimensionalen Darstellung in der Populärkultur und in den Medien erforderlich. Anhand von Beispielen aus einem Buch, einem Film und einem Medienkommentar wollen wir untersuchen, wie diese komplexe Emotion zu Unrecht verunglimpft wird, und anschließend über echte menschliche Erfahrungen nachdenken, um gängige Mythen über jugendliche Wut zu entlarven.

Um die differenzierte Rolle der jugendlichen Wut zu verstehen, müssen wir gängige Missverständnisse ausräumen, die in der Literatur, in Filmen, in den Medien und im wirklichen Leben verbreitet sind, wo sie oft zu Unrecht kritisiert oder missverstanden wird.

"Der Fänger im Roggen" von J.D. Salinger

In dem Roman "Der Fänger im Roggen" verkörpert der Protagonist Holden Caulfield den missverstandenen Jugendlichen, der mit einer Mischung aus Zynismus, Traurigkeit und Wut durch die Komplexität des Erwachsenwerdens navigiert. Holdens Wut wird von den Erwachsenen im Buch oft kritisiert oder abgetan. Sie sehen darin eher eine Phase oder Rebellion als eine legitime emotionale Reaktion auf seine Erfahrungen und die vermeintliche Falschheit der Erwachsenenwelt. Der Roman zeigt, wie jugendliche Wut, wenn sie übersehen oder missverstanden wird, das Gefühl der Isolation und des Unverständnisses noch verschlimmern kann.

"Auf den Kopf gestellt

"Inside Out", ein Pixar-Film, verkörpert die Gefühle von Riley, einem 11-jährigen Mädchen, das mit dem Umzug seiner Familie in eine neue Stadt zurechtkommt. Wut, eine der Hauptfiguren, wird zunächst als zerstörerisch und impulsiv dargestellt. Im weiteren Verlauf der Geschichte erweist sich Iras Rolle jedoch als entscheidend, um Rileys Wohlbefinden zu schützen und ihre Bedürfnisse durchzusetzen. Diese Veränderung in der Erzählung macht deutlich, wie wichtig es ist, Wut als notwendigen Bestandteil emotionaler Gesundheit zu erkennen und zu verstehen, anstatt sie als Bösewicht zu verdrängen.

Kommentare der Medien

Die Medien berichten oft über Rebellion und Konflikte von Jugendlichen, ohne den Kontext der zugrunde liegenden emotionalen Kämpfe darzustellen. Zum Beispiel konzentrieren sich Nachrichten über Proteste von Jugendlichen oder Zusammenstöße in den sozialen Medien oft auf die Wut und die Konfrontation und bezeichnen die Teilnehmer als übermäßig emotional oder irrational. Diese Darstellung übersieht die legitimen Beschwerden und die Rolle der Wut bei der Förderung des sozialen Wandels und verstärkt Stereotypen über die Angst von Teenagern, ohne die positiven Eigenschaften des leidenschaftlichen emotionalen Ausdrucks anzuerkennen.

Nachdenken über die menschliche Erfahrung

Betrachte die Erfahrung von Maria, einem 16-jährigen Mädchen, dem oft gesagt wurde, dass ihre Wut über soziale Ungerechtigkeiten nichts weiter als "Teenager-Rebellion" sei. Als eine Lehrerin beschloss, Marias Wut in ein Projekt für soziale Gerechtigkeit zu lenken, war Maria nicht nur erfolgreich, sondern inspirierte auch ihre Mitschüler/innen dazu, sich mit Themen zu beschäftigen, die ihnen am Herzen lagen. Diese Erfahrung zeigt, wie das Erkennen und positive Lenken von jugendlichem Ärger zu Wachstum, Engagement und konstruktiven Ergebnissen führen kann, statt zu Konflikten.

Wir werden die Fakten über jugendliche Wut beleuchten und einige gängige Irrtümer entlarven.

Mito 1: La ira nunca puede ser positiva y no ayuda en nada

La ira es una emoción natural y sana que toda persona experimenta. Es una reacción normal ante un agravio, la invasión de nuestro espacio o la violación de nuestros valores. El problema no es la ira en sí, sino la forma de canalizarla. Cuando se canaliza adecuadamente, la ira tiene el poder de inspirar a las personas para que hagan las paces, mejoren sus habilidades comunicativas y establezcan límites saludables. La clave está en canalizar la intensidad del presente en una luz de guía que muestre el camino a seguir.

Mythos 2: Wut bei Jugendlichen ist immer ein Zeichen dafür, dass etwas nicht stimmt.

Dieses Missverständnis steckt Jugendliche in eine Schublade, ohne zu berücksichtigen, dass die Pubertät von Natur aus schwierig ist. Während der Pubertät findet eine große persönliche, emotionale und soziale Entwicklung statt. Jugendliche entdecken, wer sie sind, wie sie sich in die Gruppe der Gleichaltrigen einfügen und wie sie ihre Individualität entwickeln können. Wut ist nicht immer ein Zeichen von mangelnder Selbstbeherrschung oder Fehlverhalten, sondern ein mögliches Ergebnis dieser hektischen Entwicklungsphase. Jetzt, da wir das wissen, können wir ihnen helfen, ihre Wut auf gesunde Weise zu bewältigen, indem wir ihnen zuhören und Unterstützung anbieten.

Mythos 3: Du kannst deine Wut nicht kontrollieren, indem du sie betäubst oder ignorierst.

Wenn du lernen willst, deine Wut zu kontrollieren, musst du üben, die Anzeichen frühzeitig zu erkennen, herauszufinden, was dich auslöst, und herauszufinden, wie du konstruktiv reagieren kannst. Zu einer erfolgreichen Wutbewältigung gehört, dass man seine Wünsche und Gefühle auf eine kraftvolle, nicht konfrontative Art und Weise ausdrückt. Die Förderung von mehr Selbstbewusstsein und emotionaler

Intelligenz kann erreicht werden, indem Jugendliche ermutigt werden, die zugrunde liegenden Emotionen auszudrücken, die mit ihrer Wut einhergehen, egal ob es sich um Angst, Frustration oder Verletzung handelt.

Wenn Jugendliche Wut empfinden, ist das oft eine oberflächliche Reaktion auf tiefere, differenziertere Gefühle. Sie dazu zu ermutigen, diese tieferen Gefühle zu erforschen und zu artikulieren, kann ein wichtiger Schritt auf dem Weg zu emotionaler Reife und gesünderen zwischenmenschlichen Beziehungen sein. Hier ist eine Übersicht darüber, wie dieser Prozess ablaufen kann:

Identifiziere die primäre Emotion: Bringe den Jugendlichen bei, innezuhalten und darüber nachzudenken, was sie fühlen, wenn Wut aufkommt. Ist es wirklich Wut oder könnte es die Angst sein, nicht gehört oder verstanden zu werden? Vielleicht ist es Frustration über Situationen, die sie nicht kontrollieren können, oder sie fühlen sich vernachlässigt oder nicht respektiert.

Artikulation von Emotionen: Sobald die primäre Emotion identifiziert wurde, besteht der nächste Schritt darin, sie auszudrücken. Dazu müssen diese Gefühle in Worte gefasst werden, was eine Herausforderung sein kann. Die Verwendung von "Ich fühle"-Aussagen zu fördern, kann ein guter Ansatzpunkt sein. Zum Beispiel: "Ich bin frustriert, wenn meine Meinung nicht beachtet wird" oder "Ich fühle mich verletzt, wenn ich ignoriert werde".

Konstruktiver Ausdruck: Jugendliche dazu anleiten, ihre Gefühle auf konstruktive Weise auszudrücken. Das bedeutet, dass sie ihre Gefühle auf eine ehrliche und verletzliche, aber respektvolle und nicht anklagende Weise mitteilen. Es geht darum, ihre inneren emotionalen Erfahrungen mitzuteilen, anstatt sich auf die äußeren Handlungen oder Verhaltensweisen anderer zu konzentrieren, die die Wut ausgelöst haben.

Suche nach Verständnis und Lösung: Das Hauptziel des Ausdrucks unterschwelliger Emotionen ist es, das Verständnis zu fördern und eine Lösung zu finden, die den Grund für den Ärger angeht. Dazu kann es gehören, einen Kompromiss auszuhandeln, Grenzen zu setzen oder einfach ein besseres gegenseitiges Verständnis für die Sichtweise des anderen zu erlangen.

Mythos 4: Wutprobleme betreffen nur bestimmte Gruppen von Heranwachsenden

In Wirklichkeit gibt es keinen Zusammenhang zwischen dem sozioökonomischen Status, dem Bildungsniveau oder der Herkunft einer Person und der Intensität ihrer Wut. Jeder Jugendliche kann Probleme haben, seine Wut zu kontrollieren, und jeder geht auf seine eigene Weise damit um. Manche Menschen drücken ihre Wut durch laute Ausbrüche aus, während andere sie vielleicht unterdrücken und unter Traurigkeit oder Isolation leiden. Um eine einladende und nährende Atmosphäre für alle Jugendlichen zu schaffen, muss man zunächst einmal anerkennen, dass Wutprobleme jeden treffen können.

Wut durch Ausbrüche auszudrücken oder sie zu unterdrücken, kann - wenn auch auf unterschiedliche Weise - schädlich sein, weil es negative Auswirkungen auf die geistige und emotionale Gesundheit, die Beziehungen und das allgemeine Wohlbefinden hat. Schauen wir uns genauer an, warum diese Verhaltensweisen problematisch sein können und welche Folgen das haben kann.

Outbursts

Starke und explosive Wutausbrüche können eine Reihe von negativen Folgen haben:

Beschädigte Beziehungen: Regelmäßige laute Ausbrüche können persönliche und berufliche Beziehungen belasten oder zerstören. Freunde, Familie und Kollegen können sich verängstigt, verletzt oder verärgert fühlen, was zu Entfremdung oder Konflikten führt.

Rufschädigung: Wenn man für unkontrollierte Wut bekannt ist, kann das den Ruf schädigen und zu sozialer Isolation oder beruflichen Konsequenzen wie dem Verlust des Arbeitsplatzes oder von Chancen führen.

Körperliche Gesundheitsrisiken: Chronischer Ärger und Stress können das Risiko von Gesundheitsproblemen wie Herzerkrankungen, Bluthochdruck, Schlaflosigkeit und einem geschwächten Immunsystem erhöhen.

Emotionale Erschöpfung: Die ständige Bewältigung der Folgen von Ausbrüchen kann zu Schuldgefühlen, Reue und emotionaler Erschöpfung führen, was sich auf die psychische Gesundheit auswirkt.

Wut unterdrücken

Wut zu unterdrücken oder sie zu verinnerlichen kann auch schädliche Auswirkungen haben:

Emotionale und körperliche Gesundheit: Längeres Unterdrücken von Wut kann zu Angstzuständen, Depressionen und stressbedingten Krankheiten beitragen. Körperliche Symptome können Kopfschmerzen, Verdauungsprobleme und Schlafstörungen sein.

Passiv-aggressives Verhalten: Wut zu unterdrücken führt oft zu passiv-aggressivem Verhalten, das andere verwirren und entfremden kann, was zu dysfunktionalen Beziehungen führt.

Explosive Ausbrüche: Aufgestaute Wut kann schließlich zu explosiven Ausbrüchen führen, die oft in keinem Verhältnis zu dem auslösenden Ereignis stehen und dem Leben und den Beziehungen der Person erheblichen Schaden zufügen können.

Geringere Lebensfreude: Das Das ständige Unterdrücken von Emotionen kann dazu führen, dass du weniger Freude, Zufriedenheit und ein Gefühl der Verbundenheit mit anderen erleben kannst.

Warum das schlecht ist: die Auswirkungen

Beide Verhaltensweisen - explosive Ausbrüche oder die Unterdrückung von Wut - können zu einem Kreislauf aus emotionaler Belastung und zwischenmenschlichen Schwierigkeiten führen. Bei explosiven Wutausbrüchen kann die unmittelbare Entladung der Wut ein vorübergehendes Gefühl der Erleichterung oder Macht vermitteln, aber darauf folgen oft Reue und eine Reihe negativer Konsequenzen, die den Stress und die emotionale Unruhe noch verstärken.

Umgekehrt verwehrt das systematische Unterdrücken von Wut der Person die Möglichkeit, die zugrunde liegenden Probleme anzusprechen und zu lösen. Dies kann dazu führen, dass sich ungelöste Emotionen aufstauen, die sich auf schädliche Weise äußern können, sei es durch körperliche Symptome, psychische Probleme oder Ausbrüche, die in keinem Verhältnis zur Ursache stehen.

Außerdem hindern beide Formen der Wutbewältigung Menschen daran, gesunde Bewältigungsmechanismen und effektive Kommunikationsfähigkeiten zu erlernen. Ohne diese Fähigkeiten ist es schwierig, konstruktiv mit Konflikten umzugehen, für die eigenen Bedürfnisse einzustehen und starke und unterstützende Beziehungen aufzubauen.

Mythos 5: Wutprobleme von Jugendlichen lassen sich mit Zeit allein lösen.

Die Wut von Jugendlichen ist oft ein Symptom für tiefer liegende Probleme, und es ist riskant anzunehmen, dass sie "daraus herauswachsen". Ohne Hilfe können unwirksame Gewohnheiten im Umgang mit Wut bis ins Erwachsenenalter bestehen bleiben und persönliche Beziehungen, schulischen Erfolg und psychische Gesundheit beeinträchtigen. Um junge Menschen in die Lage zu versetzen, ihre Emotionen erfolgreich zu bewältigen, ist ein proaktives Engagement erforderlich, das durch offene Kommunikation, Aufklärung und in einigen Fällen auch durch professionelle Hilfe erreicht werden kann. Dies kann die Widerstandsfähigkeit und emotionale Reife fördern.

Der Umgang mit jugendlichem Ärger durch offene Kommunikation, Aufklärung und, wenn nötig, professionelle Hilfe ist entscheidend für die Förderung von emotionaler Widerstandsfähigkeit und Reife. Jede dieser Strategien spielt eine wichtige Rolle, wenn es darum geht, Jugendliche mit den Werkzeugen und dem Verständnis auszustatten, die sie brauchen, um ihre Emotionen konstruktiv zu bewältigen. Hier erfährst du, wie diese Ansätze einen Unterschied machen können:

Offene Kommunikation

Offene Kommunikation bedeutet, einen sicheren, nicht wertenden Raum zu schaffen, in dem sich Jugendliche wohl fühlen, um ihre Gefühle und Sorgen auszudrücken. Dieser Ansatz ist in vielerlei Hinsicht hilfreich:

Validierung: Bestätigt ihre Gefühle und gibt ihnen das Gefühl, gehört und verstanden zu werden, was für das emotionale Wohlbefinden von grundlegender Bedeutung ist.

Problemlösung: Durch den Dialog können Jugendliche lernen, ihre Probleme zu artikulieren und gemeinsam nach Lösungen zu suchen, um ihre Problemlösungskompetenz zu verbessern.

Vertrauensbildung: Stärkt das Vertrauen zwischen Jugendlichen und ihren Betreuern oder Mentoren, was wichtig für die Förderung unterstützender Beziehungen ist.

Bildung

Die Aufklärung von Jugendlichen über Emotionen und Wutbewältigung vermittelt ihnen das Wissen, das sie brauchen, um ihre Gefühle zu verstehen und zu bewältigen:

Selbsterkenntnis: Bildung hilft Jugendlichen, die Anzeichen von Wut zu erkennen und ihre Ursachen zu verstehen, was zu mehr Selbsterkenntnis und Selbstkontrolle führt.

Bewältigungsstrategien: Führe gesunde Bewältigungsmechanismen ein, wie z.B. Entspannungstechniken, Achtsamkeit und selbstbewusste Kommunikation, die Alternativen zu Aggression oder Unterdrückung bieten.

Emotionale Intelligenz: Das Verstehen von Emotionen trägt zur emotionalen Intelligenz bei und ermöglicht es den Jugendlichen, besser mit ihren Gefühlen umzugehen und sich in andere einzufühlen.

Professionelle Hilfe

In Fällen, in denen Jugendliche stark mit Wut zu kämpfen haben, kann professionelle Hilfe von unschätzbarem Wert sein:

Individuelle Unterstützung: Therapeuten können individuelle Strategien anbieten, um die Ursachen der Wut zu bekämpfen, unabhängig davon, ob sie auf psychische Probleme, Traumata oder Umweltfaktoren zurückzuführen sind.

Entwicklung von Fertigkeiten: Professionelle Hilfe beinhaltet oft das strukturierte Vermitteln von Fähigkeiten zur Emotionsregulierung und von Bewältigungsstrategien, um sicherzustellen, dass die Jugendlichen über die nötigen Ressourcen verfügen, um ihre Wut effektiv zu bewältigen.

Einbeziehung der Familie: Therapeuten können auch mit den Familien arbeiten und ihnen beibringen, wie sie die emotionale Entwicklung ihres Jugendlichen unterstützen und wie sie Konflikte zu Hause konstruktiv lösen können.

Offene Kommunikation, Aufklärung und professionelles Eingreifen können zusammen die Fähigkeit eines Jugendlichen, mit seiner Wut umzugehen, erheblich beeinflussen. Indem sie das Problem aus mehreren Blickwinkeln angehen, stellen diese Strategien sicher, dass Jugendliche ihre Wut nicht nur "überwinden", sondern an ihr wachsen und Widerstandskraft und emotionale Reife entwickeln. Dieser ganzheitliche Ansatz kann zu besseren Beziehungen, schulischem Erfolg und psychischer Gesundheit führen und damit den Grundstein für ein ausgeglichenes und erfülltes Erwachsenenleben legen.

Der Einfluss von Kontext und Hintergrund

Umwelt- und Erfahrungsvariablen können unser Verständnis von jugendlichem Ärger beeinflussen. Jugendliche lernen, ihre Emotionen zu kontrollieren, indem sie die Handlungen ihrer Mitmenschen zu Hause, im Klassenzimmer und in der Gesellschaft imitieren. Jugendliche können lernen, ihre Emotionen zu kontrollieren, indem sie Erwachsene beobachten und imitieren, die dazu in der Lage sind, und zwar in einem akzeptierenden und sicheren Umfeld.

Seite an Seite gehen

Im Umgang mit wütenden Jugendlichen ist es wichtig, geduldig, einfühlsam und kommunikativ zu sein. Die emotionalen Erfahrungen von Jugendlichen sind kompliziert, und indem wir diese Überzeugungen zerstreuen, erkennen wir das an. Wir wollen ihnen die Hilfe geben, die sie in diesen schwierigen Jahren brauchen, und ihnen gleichzeitig eine Beratung bieten, die ihre Einzigartigkeit wertschätzt.

Heranwachsenden zu helfen, ihre Wut zu erkennen und zu kontrollieren, hat langfristige Vorteile. Es ebnet den Weg für eine Zukunft, die von emotionaler Intelligenz und Selbstvertrauen geprägt ist. Durch Einfühlungsvermögen, Beharrlichkeit und Orientierung kann das Bild, das sich um die Wut Jugendlicher rankt, von pessimistisch zu positiv verändert werden.

Ein Plädoyer für emotionale Intelligenz

Wenn wir für eine Veränderung der Art und Weise plädieren, wie wir die Wut von Jugendlichen wahrnehmen und darauf reagieren, fordern wir im Wesentlichen eine tiefere Kultivierung der emotionalen Intelligenz, sowohl bei uns als Betreuer/innen als auch bei den Jugendlichen, denen wir helfen wollen. Emotionale Intelligenz - die Fähigkeit, unsere eigenen Emotionen zu verstehen, zu nutzen und auf positive Weise zu managen, um Stress abzubauen, effektiv zu kommunizieren, sich in andere einzufühlen, Herausforderungen zu bewältigen und Konflikte zu entschärfen - ist eine wichtige Grundlage für diesen Wandel.

Die emotionale Intelligenz umfasst im Wesentlichen vier Schlüsselkompetenzen:

Selbstwahrnehmung: Erkennen der eigenen Emotionen und ihrer Auswirkungen auf Gedanken und Verhalten. Dazu gehört auch, die Auslöser von Wut zu verstehen und ihre Auswirkungen zu erkennen.

Selbstmanagement: Die Fähigkeit, Emotionen und Verhaltensweisen auf gesunde Weise zu regulieren, besonders in stressigen oder schwierigen Situationen. Diese Fähigkeit hilft dabei, zu entscheiden, wie man Ärger konstruktiv ausdrücken kann.

Soziales Bewusstsein: Verständnis für die Gefühle, Bedürfnisse und Sorgen anderer, basierend auf Empathie. So können wir hinter die Oberfläche der jugendlichen Wut blicken und die tieferen Probleme oder Emotionen erkennen, die ihr zugrunde liegen könnten.

Beziehungsmanagement: Gute Beziehungen aufbauen und pflegen, klar kommunizieren, andere inspirieren und beeinflussen, gut im Team arbeiten und Konflikte bewältigen.

Kurz gesagt: Emotionale Intelligenz ermöglicht es, einen stabilen Geisteszustand aufrechtzuerhalten und die Tendenz zu aggressiven Reaktionen zu minimieren. Emotional intelligente Menschen öffnen Wege für einen gesünderen Ausdruck und die Verarbeitung dieser herausfordernden Emotion. Sie verstehen, dass es nicht darum geht, Wut zu unterdrücken, sondern ihre Wurzeln zu verstehen und sie in eine konstruktive Kraft zu verwandeln. Für Jugendliche bedeutet die Entwicklung emotionaler Intelligenz, dass sie die Fähigkeit erlangen, mit den komplexen Gefühlen, die das Erwachsenwerden begleiten, umzugehen, ohne von ihnen überwältigt zu werden.

Die Rolle der Betreuerinnen und Betreuer

Für Eltern, Lehrkräfte und Vorbilder ist es genauso wichtig, unsere eigene emotionale Intelligenz zu verbessern. Sie befähigt uns, ein Umfeld zu schaffen, in dem offene Kommunikation die Norm ist und in dem wir umfassend über Emotionen und den Umgang mit ihnen aufgeklärt werden. Indem wir diese Grundsätze verinnerlichen, können wir Jugendliche einfühlsamer unterstützen, sie durch ihre Gefühlswelt führen und ihnen helfen, Widerstandsfähigkeit und emotionale Reife zu entwickeln.

Bei diesem Ansatz der emotionalen Intelligenz geht es darum, Wut nicht als Hindernis, sondern als Chance zu sehen: um zu verbinden, zu verstehen und zu leiten. Es geht darum, Räume zu schaffen, in denen sich Jugendliche gesehen und gehört fühlen, in denen ihre Gefühle anerkannt werden und in denen sie lernen, mit ihren Gefühlen so umzugehen, dass sie persönlich wachsen und ihre Beziehungen stärken. Auf diese Weise gehen wir nicht nur die unmittelbaren Herausforderungen der jugendlichen Wut an, sondern legen auch den Grundstein für emotional intelligente zukünftige Generationen, die in der Lage sind, die Herausforderungen des Lebens mit Verständnis und Anmut zu meistern.

Wichtigste Schlussfolgerungen

- Jugendlicher Zorn ist keine schädliche Kraft, die unterdrückt werden muss, sondern ein natürliches und gesundes Gefühl, das auf zugrunde liegende Sorgen oder Bedürfnisse hinweist.
- Extreme Wut bei Jugendlichen ist nicht das Ergebnis eines angeborenen Mangels an Kontrolle, sondern einer fortschreitenden Entwicklung des Gehirns und hormoneller Veränderungen, insbesondere in den Regionen, die für die Emotionsregulierung und Impulskontrolle entscheidend sind.
- Der Schlüssel zum effektiven Umgang mit Wut liegt nicht darin, sie zu unterdrücken, sondern zu lernen, wütende Gefühle zu erkennen und zu verstehen und gesunde Wege zu finden, sie auszudrücken.
- Der proaktive Umgang mit ihrer Wut durch Toleranz, Empathie und offene Kommunikation hilft ihnen, gesündere Bewältigungsstrategien zu entwickeln.
- Betreuer/innen, Lehrer/innen und Gleichaltrige spielen eine wichtige Rolle, wenn es darum geht, Jugendlichen ein gutes Beispiel zu geben, wenn es darum geht, ihre Emotionen, einschließlich Wut, auszudrücken und zu bewältigen.

Wichtigste Schlussfolgerungen

- **Bedenke deinen Ärger**
  Halte inne und denke über die Dinge nach, die dich wütend machen. Fühlst du dich generell machtlos oder reagierst du auf eine bestimmte Situation oder Person? Der erste Schritt zur Kontrolle deiner Reaktion besteht darin, diese Auslöser zu identifizieren.

- **Drücke deinen Ärger aus**
  Anstatt deine Wut zu unterdrücken, solltest du einen gesunden Weg finden, sie auszudrücken. Du kannst zum Beispiel Sport treiben, ein Tagebuch führen oder mit einem vertrauenswürdigen Familienmitglied oder Freund reden. Das Wichtigste ist, dass du deinen Gefühlen freien Lauf lässt, ohne dich oder andere zu verletzen.

- **Strategie zur Kühlung**
  Finde Wege, dich zu entspannen, wenn du wütend bist, und integriere sie in deine Beruhigungsstrategie. Zu den wirksamen Entspannungstechniken gehören mehrere tiefe Atemzüge, das Zählen bis 10 oder das Weggehen von der Situation.

- **Sprich positiv**
  Gewöhne dir an, zu sagen, was du brauchst und wie du dich fühlst, ohne anklagend oder aggressiv zu sein. Drücke dich in der ersten Person "Ich" aus, zum Beispiel: "Ich fühle mich unwohl, wenn...".

- **Ein emotionales Vokabular aufbauen**
  Notiere dir nach einem Wutausbruch, was passiert ist und warum; so kannst du aus deiner Erfahrung lernen. Überlege dir beim nächsten Mal, wie du konstruktiver mit deinen Gefühlen umgehen kannst.

Wir haben die Komplexität aufgedeckt, die Missverständnisse ausgeräumt und die Ursprünge der jugendlichen Wut verstanden; jetzt ist es an der Zeit, in uns selbst zu schauen. Das nächste Kapitel, "Erkenne und verstehe deine Wut", wird uns dazu bringen, zu erforschen, wer wir sind. Darin werden wir die Indikatoren für aufkommende Wut entdecken, wie wir unsere persönlichen Ursachen für Wut erkennen und die versteckten Bedeutungen entschlüsseln können, die sie vermittelt. Wenn du lernen willst, deine Gefühlswelt klar zu sehen, ist dieses Kapitel genau das Richtige für dich.

KAPITEL 2

Erkennen und Verstehen deiner Wut

Das beste Mittel gegen Ärger ist Aufschub.

- Séneca

NQUIETY IST EINE natürliche und universelle Emotion, die wir alle erleben und die ein Zeichen für unsere gemeinsame Menschlichkeit ist. Sie entsteht im Angesicht von empfundenen Missständen, Ungerechtigkeiten oder Frustrationen. Es ist jedoch nicht das Vorhandensein von Ärger, das unseren Charakter oder unser Schicksal prägt, sondern unsere Reaktion darauf. Der stoische Philosoph Seneca bietet eine zeitlose Weisheit zu diesem Thema an, die besagt, dass der Raum, den wir zwischen dem Empfinden von Wut und dem Handeln darauf schaffen, unser bestes Werkzeug ist, um mit dieser mächtigen Emotion umzugehen.

Wann warst du das letzte Mal im Trockner und hast aus Versehen eine Socke hängen lassen? Ich verstehe nicht, warum mich diese scheinbar unbedeutende Sache in den Wahnsinn treibt. Lass deine Gedanken zu dem Moment wandern, in dem die Socke für deine Fähigkeit stand, deine Wut zu erkennen und zu verstehen. Die großen Kämpfe gegen die Wut zeigen sich oft in den kleinen, scheinbar unwichtigen Dingen, die in unserem Leben passieren. In diesem Kapitel geht es nicht nur darum, unsere metaphorischen Socken zu finden, sondern auch darum, herauszufinden, was uns wütend macht, woher sie kommt und wie wir sie kontrollieren können.

In diesem Kapitel tauchen wir in die Landschaft der Wut ein und erforschen ihre vielen Konturen und die Wege, die sie uns führen kann. Wut zu verstehen ist wie das Erlernen einer neuen Sprache: Sie ermöglicht es uns, effektiver mit uns selbst und anderen zu kommunizieren und potenzielle Konflikte in Chancen für Wachstum und Verbindung zu verwandeln. Wenn wir die ersten Anzeichen von Wut erkennen und uns ihr mit Selbstreflexion und Zielstrebigkeit nähern, können wir unsere Emotionen so steuern, dass sie unsere tiefsten Werte und Bestrebungen widerspiegeln.

Bevor du mit deinem Wutmanagement beginnst, denke daran, dass Wut dich nicht definiert. Deine Macht liegt in deiner Fähigkeit, deine Wut zu erkennen, zu verstehen und in Handlungen umzuwandeln, die dir zeigen, wer du wirklich bist und wer du sein willst.

Im Kern ist Wut ein Signal. Wenn unsere Wünsche nicht erfüllt, unsere Grenzen verletzt oder unsere Werte in Frage gestellt werden, sendet sie ein Signal. Aber im Chaos der Pubertät ist es leicht, ihre Bedeutung falsch zu interpretieren. Damit du so reagierst, dass du dein Bestes gibst, lernst du in diesem Kapitel, wie du die Sprache der Wut entschlüsseln und ihre wahre Bedeutung verstehen kannst.

> Wut zu verstehen ist wie das Erlernen einer neuen Sprache: Sie befähigt uns, effektiv mit uns selbst und anderen zu kommunizieren und Konflikte in Chancen für Wachstum und Verbindung zu verwandeln.

Bist du bereit, dich deiner Wut zu stellen und etwas über dich selbst zu lernen? Denke daran, dass das Wissen um deine Wut ein mächtiges Werkzeug ist, um sie mit Anmut und Stärke zu bewältigen. Lass uns diese wichtige Aufgabe gemeinsam angehen und das Blatt wenden.

Erkenne häufige Auslöser für Wut bei Jugendlichen. de la ira en los adolescentes

Zu verstehen, was Wut bei jungen Erwachsenen auslöst, ist wie der Versuch, eine komplexe Sprache ohne Übersetzer zu entziffern. Das ist eine schwierige Aufgabe, denn diese Jahre sind voll von schnellen Veränderungen, intensiven Gefühlen und der Suche nach Identität. Wir werden behutsam die Schichten abtragen, um einige der typischen Situationen oder Ereignisse ans Licht zu bringen, die oft die Lunte der jugendlichen Wut entzünden, mit dem Ziel, diese Enthüllungen mit Wärme und Einsicht zu technisieren.

Das Gefühl, dass dir nicht zugehört oder du nicht verstanden wirst

Stell dir vor, du versuchst, komplexe Themen, die dir am Herzen liegen, auszudrücken, und hast das Gefühl, dass du in ein Vakuum sprichst. Für viele junge Erwachsene kann die Erfahrung, nicht gehört zu werden oder das Gefühl zu haben, von Eltern, Lehrern oder sogar Freunden missverstanden zu werden, besonders irritierend sein. Es ist, als würdest du in einem Windkanal schreien, wo deine Sätze durch den Lärm gedämpft werden. Dieser Kampf um Gehör und Anerkennung führt dann zu Gefühlen von Wut und Isolation.

Der Druckkessel des Einflusses von Gleichaltrigen

Jugendliche sind in ihrem Alltag einem immensen Druck ausgesetzt, der direkt von den Menschen um sie herum ausgeht. Der Wunsch, fit zu sein, akzeptiert zu werden und die unzähligen unausgesprochenen Anforderungen ihrer Altersgenossen zu erfüllen, kann anstrengend und stressig sein. Jugendliche können eine Reihe intensiver Emotionen durchleben, wie z. B. Wut und Unmut, wenn sie sich unter Druck gesetzt fühlen, sich anzupassen oder gleich zu bleiben, weil die Erwartungen nicht mit ihrem wahren Selbst übereinstimmen. Das ist so, als ob man eine heruntergefallene Maske ablegen müsste; das ist unangenehm.

Das Gewicht der Welt

Die Erwartung, akademische Spitzenleistungen zu erbringen und gleichzeitig endgültige Entscheidungen für die eigene Zukunft zu treffen, ist eine schwere Last. Diese Spannung, ob sie nun von einem selbst, von Mutter und Vater oder von der Gesellschaft ausgeht, kann zu einer Brutstätte des Stresses werden. Wenn Jugendliche das Gefühl haben, dass sie ständig gemessen und ihre Unzulänglichkeiten festgestellt werden, oder wenn der Weg, der vor ihnen liegt, unerreichbar eng erscheint, kann das einen Sturm der Wut und Frustration entfachen. Es ist wie bei einem Rennen, bei dem die Ziellinie immer weiter weg ist.

Der Druck und die Anziehungskraft der Familiendynamik

Das Familienleben mit all seinen Komplexitäten kann für Jugendliche eine große Quelle emotionaler Aufregung sein. Konflikte mit Mama und Papa über die Unabhängigkeit, Meinungsverschiedenheiten mit Geschwistern oder die Bewältigung von Umwälzungen im Familienkreis wie Scheidungen können einen Strudel von Emotionen auslösen, bei dem die Wut oft im Vordergrund steht. Es ist ein bisschen so, als würdest du eine Rolle in einem Theaterstück spielen, bei dem sich das Drehbuch ständig ändert und dir niemand die heutige Version gegeben hat.

Der Stachel der Ungerechtigkeit

Während Jugendliche ihre persönlichen Vorstellungen von Recht und Unrecht ausbilden, können Erfahrungen von Ungerechtigkeit, ob privat oder offen, sie tiefgreifend beeinflussen. Diskriminierung, Mobbing oder ungerechte Behandlung können eine energische Reaktion auslösen, bei der Wut sowohl zur Verteidigung als auch zum Schwert wird. Sie ist eine Reaktion auf die Härte der Branche, eine Art zu sagen: "Das ist nicht richtig".

33

Die Ängste der jungen Liebe

Sich zum ersten Mal in einer romantischen Beziehung zurechtzufinden, kann wie das Segeln durch unbekannte Gewässer sein: aufregend, aber auch voller Risiken. Die Tiefe der ersten Liebe, gepaart mit dem Schmerz von Herzschmerz oder Eifersucht, kann überwältigend sein. In diesen Geschichten, in denen es um mehr als nur um Beziehungen geht, lernen Jugendliche, mit einem Sturm heutiger Emotionen, einschließlich Wut, umzugehen.

Wenn man die Schichten der jugendlichen Wut enträtselt, entdeckt man häufige Auslöser wie das Gefühl, nicht gehört zu werden, Gruppendruck, Schulstress, Familiendynamik und Ungerechtigkeitserfahrungen, die alle einen Sturm der Frustration und des Grolls in jungen Erwachsenen entfachen, die darum kämpfen, ihre Stimme und Identität zu finden.

Der Wirbelwind der hormonellen Veränderungen

Die Pubertät ist nicht nur eine körperliche Transformation, sondern auch eine emotionale Veränderung. Die hormonellen Veränderungen, die mit diesem Lebensabschnitt einhergehen, können Gefühle größer und unkontrollierbarer machen. Es ist, als ob jemand die Lautstärke deiner Gefühle aufdreht, ohne dich vorher zu fragen.

Das Erkennen und Verstehen dieser Auslöser ist wie das Auffinden einer Karte in einem dichten Wald: Es bringt nicht sofort Abwechslung in die Landschaft, aber es bietet einen Prozess, der zu diesem Ziel führt.

Die Rolle von sozialem Druck und sozialen Netzwerken sociales

Auf deinem Weg durch die Pubertät stößt du auf Schritt und Tritt auf neue Hindernisse, als befändest du dich in einem nicht enden wollenden Labyrinth. Gruppenzwang und der Einfluss der sozialen Medien sind zwei der größten Hindernisse, mit denen Kinder heute konfrontiert sind. Gefühle von Wut, Frustration und Isolation können verstärkt werden, wenn diese Faktoren zusammenkommen und ein anderes Umfeld schaffen. Wir wollen untersuchen, wie diese Faktoren zusammenwirken und die Gefühlswelt moderner Jugendlicher prägen.

Gruppendruck

Stell dir vor, du bist in einem Raum voller Menschen, die keine Ahnung zu haben scheinen, wo sie hingehören - außer dir. Manchmal kann sich Gruppenzwang so anfühlen. Dabei geht es nicht unbedingt darum, dass du gezwungen wirst, etwas zu tun, was du nicht willst. Manchmal ist es der unausgesprochene Druck, sich anzupassen, sei es die Art, wie du dich kleidest, die Musik, die du hörst, oder sogar deine Ideen. Es kann anstrengend sein, diesen versteckten Druck zu spüren, sich den von Gleichaltrigen gesetzten Standards anzupassen.

Eine der Hauptursachen für den Unmut vieler Jugendlicher ist der Kampf darum, man selbst zu sein und gleichzeitig akzeptiert zu werden. Es ist, als befände man sich mitten in einem frustrierenden Tauziehen und sei sich nie sicher, wo man steht. Ein häufiges äußeres Zeichen dieses inneren Aufruhrs ist Wut, die sich gegen sich selbst richtet, weil man kapituliert, gegen Gleichaltrige, die unsichtbaren Druck ausüben, und gegen die Gesellschaft als Ganzes, die diese Normen aufstellt.

Die Überschneidung von sozialen Netzwerken und sozialem Druck

Gruppendruck und soziale Medien haben sich zu einer mächtigen Kombination von Faktoren zusammengefunden, die Emotionen hervorrufen können. Auf der einen Seite kann der Gruppendruck durch die sozialen Medien noch allgegenwärtiger erscheinen. Auf der anderen Seite können sie indirektes Mobbing, Gerüchte und passiv-aggressives Verhalten auslösen, was wiederum zu Wut führen kann.

Während sie versuchen, ihren Platz in der Welt zu finden, können sich Jugendliche unter Druck gesetzt fühlen, einer idealisierten Version von sich selbst zu entsprechen und Kompromisse bei ihren Hobbys, ihrem Aussehen und sogar ihren Meinungen einzugehen. Wut und Verärgerung können entstehen, wenn es einen starken Kontrast zwischen ihrem wahren Selbst und dem Bild gibt, das andere von ihnen erwarten. Je mehr sich die Menschen engagieren, desto größer wird der Druck und desto stärker werden ihre emotionalen Reaktionen: Es ist ein sich selbst verstärkender Kreislauf.

Schwierige Bedingungen

Der erste Schritt im Umgang mit jugendlicher Aggression besteht darin, besser zu verstehen, wie Gruppendruck und soziale Netzwerke zu diesem Problem beitragen. Die Entwicklung guter Bewältigungskompetenzen, Selbstreflexion und offene Gespräche sind Schritte auf dem Weg zur Bewältigung dieser Gefühle. Ein Weg aus dem Sturm kann gefunden werden, indem Kinder ermutigt werden, über das Erlebte zu sprechen, den Druck, dem sie ausgesetzt sind, zu hinterfragen und die Gefühle, die ihrer Wut zugrunde liegen, zu erforschen.

> Gruppendruck und soziale Medien verstärken die Wut von Jugendlichen und schaffen eine komplexe emotionale Landschaft, die ein Verständnis und Bewältigungsstrategien für Jugendliche erfordert, die diese Herausforderungen meistern.

Das wichtigste Ziel ist es, den Kindern zu vermitteln, dass ihr Wert nicht von Likes, Shares oder der Akzeptanz durch Gleichaltrige abhängt. Es ist wichtig, den Kindern zu vermitteln, dass es normal ist, sich von den sozialen Medien abzuschalten, wenn es zu viel wird, ihre Einzigartigkeit zu schätzen und in sich selbst Bestätigung zu suchen. Am wichtigsten ist, dass die Kinder wissen, dass sie mit diesen Emotionen nicht allein sind, dass sie Teil eines gemeinsamen Kampfes sind, aber dass dies nicht ihr Heranwachsen bestimmen sollte. Diese Unterstützung muss von dem Ort kommen, den sie ihr Zuhause nennen, worüber wir als Nächstes sprechen werden.

Zählen bis zehn

Zähle bis zehn (oder sogar zwanzig), bevor du auf eine Situation reagierst. Diese kurze Pause gibt den Gefühlen Zeit, sich zu beruhigen und das rationale Denken zu übernehmen, um impulsive Reaktionen zu vermeiden.

Familiendynamik und ihr Einfluss

Die Familie ist die grundlegendste Einheit im komplexen Netz menschlicher Beziehungen. Durch die Familie lernen wir, mit unseren Emotionen umzugehen, Konflikte zu lösen und uns auszudrücken. Wenn es um das unberechenbare Gefühl der Wut geht, ist es für Jugendliche entscheidend, die komplexen Beziehungen innerhalb ihrer Familien zu verstehen, während sie durch die turbulente See der Pubertät navigieren. Erforsche mit mir das komplizierte Geflecht der Familiendynamik und wie sie die Wut von Jugendlichen beeinflusst.

Der emotionale Schmelztiegel

Der Begriff "emotionaler Schmelztiegel" wird oft metaphorisch verwendet, um eine Situation oder einen Lebensabschnitt zu beschreiben, die/der mit erheblichem emotionalem Stress oder Herausforderungen verbunden ist und die/der - ähnlich wie ein Schmelztiegel in der Metallurgie, in dem Substanzen auf sehr hohe Temperaturen erhitzt werden, um chemische Veränderungen herbeizuführen - zu Transformation oder Wachstum führt. Dieses Konzept kann in einer Vielzahl von Kontexten angewendet werden, z. B. in der persönlichen Entwicklung, in der Therapie und in der Beziehungsdynamik.

Im Bereich der persönlichen Entwicklung kann sich ein emotionaler Schmelztiegel auf eine zutiefst herausfordernde Erfahrung beziehen, die eine Person dazu zwingt, sich mit schwierigen Emotionen auseinanderzusetzen und diese zu verarbeiten, was zu persönlichem Wachstum und erhöhter emotionaler Belastbarkeit führt. Diese Erfahrungen bringen Menschen oft an ihre emotionalen Grenzen, bieten aber auch tiefgreifende Möglichkeiten, etwas über sich selbst zu lernen, die Prioritäten im Leben neu zu bewerten und neue Bewältigungsmechanismen zu entwickeln.

In therapeutischen und psychologischen Kontexten kann der Begriff verwendet werden, um intensive therapeutische Prozesse oder Beziehungen zu beschreiben, die die Klienten herausfordern, sich mit tief sitzenden emotionalen Problemen auseinanderzusetzen und diese zu lösen. Die Beziehung zwischen Therapeut/in und Klient/in kann selbst zu einem emotionalen Schmelztiegel werden, der dem/der Klient/in einen sicheren Raum bietet, um seine/ihre Emotionen, Verhaltensweisen und Denkmuster zu erforschen und zu verstehen, was zu transformativen Veränderungen führt.

Im Kontext der Beziehungsdynamik, insbesondere in der Paartherapie, kann sich ein emotionaler Schmelztiegel auf eine Phase beziehen, in der sich die Partner großen Konflikten oder Herausforderungen stellen und diese lösen. Dieser Prozess ist zwar oft schwierig, kann aber zu einer tieferen Vertrautheit und einem besseren Verständnis führen, da die Partner lernen, ihre Unterschiede und Schwachstellen gemeinsam zu bewältigen.

Das Konzept des emotionalen Schmelztiegels unterstreicht die Idee, dass intensive emotionale Erfahrungen zwar herausfordernd sein können, aber auch das Potenzial für tiefgreifendes persönliches Wachstum und Transformation bergen.

Oben auf dem Formular

Emotionen wie Freude, Traurigkeit, Angst und Wut werden zunächst im familiären Kontext geformt, wo sie zu einem festen Bestandteil unseres Wesens werden. Unsere Fähigkeit, die emotionalen Signale unserer Bezugspersonen zu deuten, beginnt mit der Geburt und bildet die Grundlage für unsere eigene emotionale Intelligenz. Wut nimmt in diesem Ofen Gestalt an, geformt durch die Art und Weise, wie die Menschen, die uns am nächsten sind, reagieren und antworten.

> "Die Art und Weise, wie Konflikte in der Familie ausgetragen werden, hat großen Einfluss darauf, wie Jugendliche ihre Wut wahrnehmen und ausdrücken. Eine gesunde Konfliktlösung fördert emotionale Kontrolle, Verhandlungen und Kompromisse, während eine ungesunde Dynamik zu erhöhtem emotionalen Stress und gewalttätigen Reaktionen führen kann.

Heranwachsende entwickeln konstruktive Mechanismen zur Wutbewältigung in einem Zuhause, in dem Erwachsene sie unterstützen, verständnisvoll und kommunikativ sind. Weil sie wissen, dass sie verstanden und unterstützt werden, können Kinder offen über ihre Gefühle sprechen. Wenn Jugendliche in einem Umfeld aufwachsen, in dem sie gehänselt, herabgesetzt oder feindselig behandelt werden, können sie ihre Gefühle verinnerlichen und in sich hineinfressen.

Ein Wandteppich aus Konflikten

Die Höhen und Tiefen des Familienlebens führen zu komplexen Interaktionsmustern, einschließlich Konflikten, die das Verständnis und den Ausdruck von Wut prägen. Jugendliche können anhand von Beispielen gesunder Konfliktlösung viel über emotionale Kontrolle, Verhandlung und Kompromisse lernen. konfliktlösung. Jugendliche lernen einen gesunden Umgang mit Wut, wenn sie in einem Elternhaus aufwachsen, in dem Probleme mit Mitgefühl, Würde und dem Willen, Lösungen zu finden, angegangen werden

Jugendliche können Schwierigkeiten haben, ihre Wut zu kontrollieren, wenn sie in einem Elternhaus aufwachsen, in dem Streit ignoriert, unterdrückt oder mit Gewalt beantwortet wird. Es kann sein, dass sie mehr emotionalen Stress erleben, weil sie sich ignoriert, entwertet oder hilflos fühlen. Das andere Extrem ist, wenn sie auf gewalttätige Methoden der Konfliktlösung zurückgreifen, was die Feindseligkeit nur weiter anheizt.

Schreibt sie einen Erziehungsansatz oder eine Methode zur Konfliktbewältigung vor?

Der Erziehungsstil ist ein zentraler Bestandteil der Familiendynamik und hat einen deutlichen Einfluss auf die Wutbewältigungsfähigkeiten von Heranwachsenden. Kinder mit autoritären Eltern entwickeln mit größerer Wahrscheinlichkeit Fähigkeiten zur Emotionsregulierung, wenn sie gefördert werden, ihnen feste Grenzen gesetzt werden und sie ermutigt werden, über ihre Gefühle zu sprechen. Sie lernen, dass Wut ein normales Gefühl ist und dass sie es kontrollieren können, indem sie darüber reden und Lösungen finden.

Andererseits können Heranwachsende unter autoritären Eltern, die sich zu sehr auf Kontrolle und Einhaltung konzentrieren, lernen, ihre Wut zu unterdrücken. Ein Pulverfass unterdrückter Wut kann entstehen, wenn Menschen aus Angst vor Ablehnung oder Bestrafung vermeiden, ihre wahren Gefühle zu zeigen. Umgekehrt können Eltern, die zu liberal mit ihren heranwachsenden Kindern umgehen, ihnen nicht den Rahmen geben, den sie brauchen, um mit ihren Gefühlen umzugehen, auch wenn sie es gut meinen.

Interaktive Aktivitäten zum Erkennen persönlicher Auslöser

Teenager erleben eine breite Palette von Emotionen, und Wut ist sicherlich eine davon. Aber keine Angst, wir können lernen, mit unserer Wut besser und konstruktiver umzugehen, wenn wir uns selbst bewusst sind und uns ein paar Bewältigungstechniken aneignen.

Schreibe die Dinge auf, die dich wütend machen.

Für den Anfang empfehle ich dir das Wutauslöser-Tagebuch, eine einfache Übung, die viele nützliche Informationen enthält. Stelle dir einen ruhigen Ort vor, an dem du deinen Emotionen und Gedanken freien Lauf lassen kannst, wenn dich der Frust überkommt. Nimm dein vertrautes Tagebuch zur Hand und fange an, deine Gedanken aufzuschreiben, wenn dich diese vertraute Welle der Verärgerung überkommt. Denke darüber nach, was passiert ist, welche Gefühle deinen Körper durchströmt haben und wie du mit der Situation umgegangen bist, die dich wütend gemacht hat. Wir können viel über unsere Gefühlswelt und die Muster lernen, die zu unserer Wut führen, wenn wir diese Vorfälle festhalten.

Auslöser erforschen

Jetzt haben wir die perfekte Gelegenheit, unseren inneren Sherlock Holmes hervorzuholen und die Übung "Trigger Detective" durchzuführen. Stell dir Folgendes vor: Wir erhalten einen Stapel mysteriöser Karten, die jeweils einen potenziellen Auslöser darstellen. Diese Karten decken das gesamte Spektrum der Teenagerangst ab, von Geschwisterstreitigkeiten über Gruppenzwang bis hin zu Schulstress. Jetzt ist es an uns, uns in die Lage des Protagonisten zu versetzen und unsere Reaktionen auf jede mögliche Situation zu üben. Indem wir uns in die Lage anderer versetzen und verschiedene Reaktionen üben, können wir unsere Problemlösungsfähigkeiten verbessern und einen Werkzeugkasten mit gesunden Bewältigungsmechanismen aufbauen.

Das Geheimnis der Mitternachtsbotschaft

Stell dir vor, du ziehst eine Karte aus dem Deck mit dem Titel "Das Geheimnis der Mitternachtsnachricht". Diese Karte beschreibt ein Szenario, in dem der Protagonist, Jordan, kurz vor dem Schlafengehen eine kryptische und etwas negative Textnachricht von einem Freund erhält. Die Nachricht ist vage, scheint aber auf Enttäuschung oder Wut gegenüber Jordan hinzudeuten. Diese Situation steht im Mittelpunkt, wenn wir in Jordans Rolle schlüpfen, um das Geheimnis zu lüften und mit den emotionalen Auslösern umzugehen, die damit verbunden sind.

Den Auslöser identifizieren

Zuerst identifizieren wir die möglichen Auslöser in diesem Szenario:
Ungewissheit: Die Unklarheit des Inhalts einer Nachricht kann zu Überlegungen und Ängsten führen.

Unterstellung negativer Absichten: Ohne klare Kommunikation besteht die Tendenz, das Schlimmste über den Ton und den Inhalt der Nachricht zu vermuten.

Angst vor Konflikten oder Verlust: Die Sorge, dass diese Nachricht auf ein ernstes Problem oder den möglichen Verlust einer Freundschaft hinweisen könnte.

Den Auslöser überwinden

Im Folgenden entwickeln wir gesunde Strategien, um diese Auslöser anzugehen und zu überwinden:
Klärung herbeiführen: Anstatt uns in Ungewissheit zu stürzen und unseren emotionalen Zustand möglicherweise zu verschlimmern, beschlossen wir, direkt mit dem Freund zu sprechen. Da es aber schon spät war, beschlossen wir, bis morgen zu warten, da es wichtig ist, diese Fragen zu einem geeigneteren Zeitpunkt zu klären.

Erste Reaktionen bewältigen: In der Zwischenzeit üben wir Techniken, um uns zu beruhigen und unsere emotionale Reaktion zu bewältigen. Das kann bedeuten, dass wir tief durchatmen, unsere Gefühle und möglichen Reaktionen aufschreiben oder uns kurz ablenken, um uns zu beruhigen, z. B. indem wir ein Buch lesen oder Musik hören.

Bereite dich auf ein konstruktives Gespräch vor: Wir planen, wie wir das Gespräch auf eine nicht-konfrontative Art und Weise angehen und uns darauf konzentrieren, unsere Gefühle über die Nachricht auszudrücken und um Klarheit zu bitten. Ziel ist es, die Absicht der Nachricht zu verstehen, ohne negativ zu denken oder die Situation zu eskalieren.

Reflexion über die Ergebnisse

Am Morgen, nachdem er sich etwas ausgeruht hat und mit einem klareren Kopf, kontaktiert Jordan seinen Freund. Es stellt sich heraus, dass die Nachricht aus Frustration über eine andere Sache geschickt wurde und nicht verletzend oder kryptisch gemeint war. Der Freund entschuldigt sich für die nächtliche Nachricht und sie sprechen darüber, wie sie in Zukunft besser miteinander kommunizieren können.

Mit dieser Übung haben wir uns nicht nur mit einem häufigen Auslöser auseinandergesetzt, sondern auch wichtige Fähigkeiten zur Emotionsregulierung, Kommunikation und Problemlösung geübt. Indem wir uns in Jordans Lage versetzen, verstehen wir die Komplexität von Auslösern und die Kraft proaktiver und positiver Bewältigungsstrategien besser.

Mentales Tagebuch

Mit dem Thought Tracker wollen wir unsere Aufmerksamkeit auf den Einfluss unserer Gedanken lenken. Stellen wir uns eine Tabelle mit Spalten vor, die die verschiedenen Phasen unseres Wutmanagementprozesses markieren. Wir werden dieses Arbeitsblatt nutzen, um unsere Gedanken und Gefühle jedes Mal gründlich zu dokumentieren, wenn Wut aufkommt. Wir halten fest, was uns auf die Palme gebracht hat, schlüsseln die ersten Gedanken auf, die uns in den Sinn kamen, erkunden die Gefühle, die uns überkamen, und halten unsere Reaktion fest. Wenn wir den Weg unserer Wut verfolgen, können wir viel über unsere eigenen Gedankengänge und Verhaltensgewohnheiten lernen, was zu persönlicher Entwicklung und Fortschritt führt.

Visualisierung des Thought Trackers: Eine Schritt-für-Schritt-Anleitung

Stell dir eine einfache Tabelle oder ein Arbeitsblatt vor, um deine Wutanfälle zu analysieren und zu verstehen. Diese Tabelle ist in vier Hauptspalten unterteilt, von denen jede einen bestimmten Zweck auf deinem Weg zu einem effektiveren Umgang mit Wut hat. So kannst du sie visualisieren und verwenden:

1. Auslösendes Ereignis:

Spaltenbezeichnung Auslöser

Beschreibung: In dieser Spalte schreibst du das Ereignis oder die Situation auf, die deinen Ärger ausgelöst hat. Das kann alles sein, von einer Meinungsverschiedenheit mit einem Freund bis hin zu einer schlechten Note in einer Prüfung.

Beispieleintrag: Streit mit meinem Bruder über die gemeinsame Nutzung des Computers.

2. Erste Gedanken:

Kolumnen-Tag: Gedanken

Beschreibung: Schreibe hier die ersten Gedanken auf, die dir durch den Kopf gingen, als du spürtest, wie die Wut hochkam. Diese Gedanken bestimmen oft, wie wir das auslösende Ereignis wahrnehmen.

Beispieleintrag: "Sie bekommen immer ihren Willen und ich bleibe außen vor".

3. Emotionen und Gefühle:

Spaltenbezeichnung: Emotionen
Beschreibung: In dieser Spalte geht es darum, die Emotionen und Gefühle zu identifizieren und zu benennen, die nach den ersten Gedanken aufkamen. Wut verdeckt oft andere Gefühle, deshalb ist es wichtig, sie genau zu benennen.
Beispiel für einen Eintrag: Frustration, Ungerechtigkeit, das Gefühl, unterbewertet zu sein.

4. Antwort und Ergebnisse:

Spaltenbezeichnung: Antwort
Beschreibung: In der letzten Spalte kannst du darüber nachdenken, wie du auf die wütenden Gefühle reagiert hast und was das Ergebnis dieser Reaktion war - hast du die Situation eskalieren lassen oder hast du einen Weg gefunden, dich zu beruhigen?
Beispiel für einen Eintrag: Er schrie und stürmte davon, was zu einer längeren Diskussion führte.

Den Thought Tracker verwenden

Wenn du diese Tabelle jedes Mal ausfüllst, wenn du Ärger erlebst, kannst du anfangen, Muster in deinen Auslösern, Gedanken und Reaktionen zu erkennen. Mit der Zeit wirst du gemeinsame Themen erkennen und lernen, wie deine anfänglichen Gedanken deine emotionalen Reaktionen beeinflussen können. Diese Erkenntnis ist der erste Schritt, um in Zukunft andere und konstruktivere Reaktionen auf Wut zu wählen. Wenn du zum Beispiel feststellst, dass du dich in deinen emotionalen Reaktionen häufig unterbewertet fühlst, kannst du an Selbstbehauptungstechniken arbeiten oder in einem ruhigen Moment über deine Gefühle sprechen, um dieses wiederkehrende Problem anzusprechen.

Register der Wut

Lass uns jetzt mit der Übung "Zeitleiste der Wut" eine Reise in die Vergangenheit machen. Stell dir einen Weg für deine Wut vor, der mit dem Vorfall beginnt, der sie auslöst, und sich durch deine emotionale Landschaft fortsetzt, bis sie ihr endgültiges Ziel erreicht. Indem wir unsere Gefühle, Gedanken und Handlungen bei jedem Schritt verfolgen, können wir die Entwicklung unserer Wut nachvollziehen. Ein mentales Bild von den Schritten der Wutbewältigung zu machen, kann uns helfen, Trends zu erkennen, uns auf Problembereiche zu konzentrieren und besser zu verstehen, wie sich unsere Gefühle entwickeln.

Hier ist sie: eine Fülle von ansprechenden Übungen, die darauf abzielen, die Geheimnisse dessen, was uns wütend macht, zu entschlüsseln. Vergessen wir nicht, dass der erste Schritt zur Überwindung unserer Wut darin besteht, sie zu verstehen, wenn wir diese Reise der Selbstentdeckung und des Fortschritts beginnen. Wir werden uns den Herausforderungen der Pubertät stellen, aber wir werden stärker und weiser daraus hervorgehen als zuvor.

Wichtigste Schlussfolgerungen

- Situationen, Ideen, Emotionen und körperliche Empfindungen können Auslöser für Wut sein, auch wenn sie sich von Person zu Person unterscheiden können.
- Wenn wir lernen wollen, unsere Wut zu kontrollieren, müssen wir erst einmal wissen, was uns wütend macht.
- Die Art und Weise, wie soziale Netzwerke und Gruppendruck unsere Meinungen, Handlungen und Reaktionen prägen, kann Probleme mit der Wutbewältigung noch verschärfen.

Zusammenfassung der praktischen Maßnahmen

Wenn du wissen willst, wie du emotional und verhaltensmäßig reagierst, wenn du wütend bist, kann es hilfreich sein, ein Bild von deiner Wutreise vom Anfang bis zum Ende zu zeichnen.

Du kannst dir deiner selbst bewusster werden, gesunde Bewältigungsmechanismen erlernen und deine Wutauslöser überwinden, indem du fünf einfache Veränderungen in deinem Alltag vornimmst. Denke immer daran, dass die Verbesserung deines Wutmanagements ein Prozess ist und dass der Fortschritt in Richtung emotionale Gesundheit und Selbstverbesserung schrittweise erfolgt.

Im nächsten Kapitel werden wir die Art und Weise enträtseln, wie unsere Physiologie und Psychologie unsere Erfahrung von Wut strukturieren. Vom Adrenalinrausch, der mit übersteigerter Motivation einhergeht, bis hin zu den komplexen emotionalen Mechanismen, die unseren emotionalen Reaktionen zugrunde liegen, werden wir das Innenleben der Wut enträtseln und sie mit wertvollem Wissen und Einblicken in uns selbst ausstatten, um ihre Herausforderungen erfolgreich zu meistern.

Erforsche mit mir die dynamische Beziehung zwischen unseren körperlichen Zuständen und unseren emotionalen Erfahrungen. Gemeinsam werden wir unser Verständnis von Wut vertiefen und praktische Wege entdecken, um effektiv damit umzugehen. Indem wir unser Verständnis für den körperlichen und emotionalen Zustand der Wut vertiefen, ebnen wir den Weg zu mehr Selbstbewusstsein und emotionalem Wohlbefinden.

KAPITEL 3

El panorama físico y emocional de la ira

Wut ist eine Säure, die dem Gefäß, in dem sie aufbewahrt wird, mehr Schaden zufügen kann als dem, worauf sie gegossen wird.

– Mark Twain

STELL DIR VOR, befindest dich in einer Situation, in der du von Emotionen wie Wut überwältigt wirst. Wut, eine starke Emotion, kann wie ein Sturm über uns hinwegfegen und unsere körperliche und emotionale Gesundheit beeinträchtigen. In diesem Kapitel wird die komplexe Verbindung zwischen den körperlichen und emotionalen Komponenten der Wut untersucht, insbesondere wie sie miteinander interagieren, um unsere einzigartige Wahrnehmung dieser starken Emotion zu erzeugen.

Einige der Themen, die wir behandeln werden, sind die folgenden:

- Die körperlichen Manifestationen von Wut, wie Herzrasen, gerötete Wangen und der Adrenalinstoß, der uns bereit macht zu handeln.
- Wut existiert nicht im luftleeren Raum, sondern steht oft in Wechselwirkung mit einer Vielzahl anderer Emotionen wie Angst, Traurigkeit, Groll und Frustration. Schauen wir uns an,

wie diese Gefühle die Wut beeinflussen und von ihr beeinflusst werden können.

- Erfolgreiches Wutmanagement hängt davon ab, dass du die Vorboten eines Wutausbruchs erkennst. Wir werden die Anzeichen besprechen, die Menschen oft zeigen, wenn ihre Wut außer Kontrolle gerät, und wie man verhindern kann, dass sie noch schlimmer wird.

Begleite uns, wenn wir in die Tiefen der Wut eintauchen und ihre emotionalen Komplexitäten und körperlichen Ausdrucksformen entdecken. Wir können lernen, unsere Wut zu kontrollieren und unsere emotionale Gesundheit zu verbessern, indem wir die komplizierte Beziehung zwischen unseren Gedanken und unserem Körper verstehen.

Die Physiologie der Wut verstehen

Um die Physiologie der Wut zu verstehen, müssen wir die unmittelbaren Reaktionen unseres Körpers und die langfristigen gesundheitlichen Folgen von häufigem oder chronischem Ärger erkennen. Wut löst eine Kaskade physiologischer Veränderungen aus, die oft als "Kampf- oder Fluchtreaktion" bezeichnet werden und den Körper darauf vorbereiten, sich entweder einer wahrgenommenen Bedrohung zu stellen oder vor ihr zu fliehen. Zu dieser Reaktion gehören die Ausschüttung von Stresshormonen wie Adrenalin und Cortisol, eine erhöhte Herzfrequenz, ein erhöhter Blutdruck und erhöhte Wachsamkeit. Obwohl diese Reaktionen dazu dienen, uns in akuten Situationen zu schützen, können die langfristigen Auswirkungen von anhaltendem oder häufigem Ärger unsere Gesundheit beeinträchtigen.

Beispiel

John, ein 45-jähriger Manager, litt unter häufigen Wutausbrüchen bei der Arbeit. Im Laufe der Jahre begann dieser chronische Stress, seine Gesundheit zu beeinträchtigen. Zuerst bemerkte John eine Zunahme von

Kopfschmerzen und Schlafproblemen. Bei einer Routineuntersuchung diagnostizierte sein Arzt schließlich Bluthochdruck, eine Krankheit, unter der er zuvor nicht gelitten hatte. Johns familiäre Vorbelastung mit Herzkrankheiten, sein stressiger Lebensstil und seine häufigen Wutausbrüche setzten ihn einem hohen Risiko für Herz-Kreislauf-Komplikationen aus. Nach seiner Diagnose beschloss John, Hilfe zu suchen, um seine Wut in den Griff zu bekommen. Durch eine Therapie und Techniken zur Stressreduzierung wie Achtsamkeit und Bewegung lernte John, seine Emotionen gesünder zu verarbeiten und auszudrücken. Im Laufe des nächsten Jahres verbesserte sich nicht nur sein Blutdruck, sondern er berichtete auch, dass er sich weniger gestresst fühlte und seine Emotionen besser unter Kontrolle hatte, was zeigt, welch tiefgreifende Auswirkungen die Bewältigung von Wut auf die körperliche Gesundheit haben kann.

Es ist wichtig, die Physiologie der Wut zu verstehen und ihre langfristigen Auswirkungen auf die Gesundheit zu erkennen. Durch die Auseinandersetzung mit Wut und das Erlernen effektiver Strategien zur Wutbewältigung können Menschen ihr körperliches und geistiges Wohlbefinden deutlich verbessern und ihre Lebensqualität steigern.

Das sympathische Nervensystem in Aktion

Sobald unser Körper eine Gefahr wahrnimmt, tritt das sympathische Nervensystem in Aktion. Dieser wichtige Teil unseres autonomen Nervensystems koordiniert die Kampf- oder Fluchtreaktion und bereitet uns darauf vor, uns der Gefahr direkt zu stellen oder wegzulaufen. Wenn dieses System aktiviert ist, durchläuft unser Körper eine Reihe von Veränderungen, die uns körperlich auf das Handeln vorbereiten.

Die Ausschüttung von Stresshormonen

Die schnelle Ausschüttung von Adrenalin und Cortisol, zwei Stresshormonen, ist eine zentrale physiologische Reaktion auf Ärger.6 Die Freisetzung dieser starken Substanzen in unseren Blutkreislauf löst die Aktivierung der Abwehrmechanismen unseres Körpers aus. Cortisol erhöht die Wachsamkeit und das Energieniveau, während Adrenalin unseren Puls beschleunigt, den Blutdruck erhöht und unsere Sinne schärft. Durch diesen Hormonschub ist unser Körper körperlich darauf vorbereitet, dem Objekt unserer Wut entgegenzutreten oder vor ihm zu fliehen.

Schmerzen, Steifheit und andere körperliche Symptome

Während unser Körper auf Wut reagiert, erleben wir gleichzeitig eine Kaskade von leicht erkennbaren Körperempfindungen. Wenn sich unser Körper auf eine gewalttätige Konfrontation vorbereitet, beißen wir die Zähne zusammen, spannen unsere Muskeln an und ballen unbewusst die Fäuste zusammen. Wenn unsere Erregung zunimmt, wird unsere Atmung flach und schnell. Diese körperlichen Veränderungen treten auf, wenn unser Körper sich darauf vorbereitet, der Ungerechtigkeit oder Gefahr zu begegnen, die uns wütend gemacht hat.

Auswirkungen auf die Gehirnfunktion

Das emotionale Zentrum unseres Gehirns, die Amygdala, ist aufgrund seiner komplexen neuronalen Architektur besonders anfällig für die zerstörerischen Auswirkungen von Wut. Wenn wir wütend sind, feuert die Amygdala, hält Umweltreize fälschlicherweise für Gefahr und löst eine Kaskade von Stresshormonen aus. Unsere Fähigkeit, klar zu denken und ruhig auf ein Problem zu reagieren, kann beeinträchtigt werden, wenn die Aktivität der Amygdala zunimmt und unsere logischen Denkprozesse außer Kraft setzt. Infolgedessen kann unser erhöhter emotionaler Zustand dazu führen, dass wir uns unüberlegt oder irrational verhalten.

Offener Ausdruck von Aggression

Zusätzlich zu den physiologischen Veränderungen, die in unserem Körper auftreten, gibt es auch offensichtliche äußere Anzeichen für

Wut. Wir können unsere Gefühle oft an der Rötung unserer Haut, dem Schwitzen, dem Zittern oder dem zusammengebissenen Kiefer erkennen. Die Menschen um uns herum können den Ernst unserer Gefühle und die Möglichkeit einer Eskalation an diesen Körpersignalen ablesen, die anzeigen, wie wütend wir sind.

Langfristige Auswirkungen auf die Gesundheit

Das Verlangen nach Wut ist flüchtig, aber unser körperliches Wohlbefinden kann darunter leiden, wenn es zu lange unkontrolliert bleibt. Verschiedene Gesundheitsprobleme wie Bluthochdruck, Herzkrankheiten, eine beeinträchtigte Immunfunktion und sogar eine beschleunigte Alterung werden mit chronischem Ärger in Verbindung gebracht. Es ist wichtig, dass du lernst, diese intensiven Emotionen zu beherrschen und zu kontrollieren, vor allem in Anbetracht der möglichen langfristigen Auswirkungen von unterdrückter Wut.

Wusstest du, dass...?

Etwa 64% der jungen Menschen (14-21 Jahre) erleben unkontrollierte Wut.

Wut mit emotionalen Reaktionen verknüpfen

Die komplexe Bandbreite menschlicher Gefühle wird durch das komplizierte Beziehungsgeflecht zwischen verschiedenen Stimmungen verdeutlicht, zu denen auch die Wut gehört. Die Untersuchung der Wechselwirkung zwischen Wut und anderen Emotionen zeigt, welche weitreichenden Auswirkungen sie auf unsere psychische Gesundheit und unsere Beziehungen zu anderen hat.

Wie andere Emotionen interagieren

Wut ist kein statischer Zustand, sondern immer Teil eines komplexen Netzes von Emotionen, in dem ein Gefühl andere verstärkt und beeinflusst. Wut kann durch andere negative Emotionen wie Groll, Angst, Melancholie oder Schuldgefühle verstärkt und geformt werden. Stell dir Sarah vor, eine Highschool-Schülerin, die mit ihren Noten zu kämpfen hat. Kürzlich hat sie bei einer wichtigen Prüfung eine schlechtere Note als erwartet erhalten, was sie zunächst frustriert und enttäuscht hat. Diese Gefühle verwandelten sich schnell in Groll gegenüber ihrer Lehrerin, die es versäumt hatte, sie angemessen zu unterstützen und ihr Ressourcen zur Verfügung zu stellen. Im Laufe der Tage mischte sich dieser Groll mit einem wachsenden Gefühl der Angst um ihre zukünftigen schulischen Aussichten und Schuldgefühlen, weil sie nicht effektiver gelernt hatte. Eines Nachmittags verschüttete Sarahs jüngerer Bruder versehentlich ein Glas Wasser auf ihren Lernunterlagen.

> Die Erforschung der Verflechtung von Wut mit anderen Emotionen verdeutlicht ihre tiefgreifenden Auswirkungen auf die psychische Gesundheit und zwischenmenschliche Beziehungen.

Dieser kleine Vorfall, der sonst vielleicht nur leichte Wut ausgelöst hätte, löste in Sarah eine heftige Reaktion aus. Sie schlug in unverhältnismäßiger Wut auf ihren Bruder ein und überraschte damit sogar sich selbst. Im Nachhinein erkannte Sarah, dass ihre Reaktion nicht nur auf das verschüttete Wasser zurückzuführen war, sondern der Höhepunkt einer ganzen Reihe aufgestauter Emotionen war. Ihre unterschwellige Angst um ihre schulische Zukunft und die Schuldgefühle, die sie wegen ihrer Lerngewohnheiten hatte, verstärkten ihre Wut auf ein unerwünschtes Ziel. Als Sarah dieses Geflecht von Emotionen erkannte, beschloss sie, sich Unterstützung zu suchen. Sie sprach mit ihrer Lehrerin über ihre Sorgen, erzählte ihren Eltern von ihren Ängsten und begann mit einem Tutor zu arbeiten, um ihre

Lerngewohnheiten zu verbessern. Indem sie sich mit den Ursachen ihrer Wut und den damit verbundenen Emotionen auseinandersetzte, fand Sarah gesündere Wege der Bewältigung und fühlte sich allmählich besser in der Lage, ihre Reaktionen zu kontrollieren.

Auswirkungen auf die Kontrolle von Emotionen

Wut kann es uns sehr schwer machen, unsere Gefühle zu kontrollieren, was wiederum rationales Denken und Selbstkontrolle erschwert. Irrationale Entscheidungen, impulsive Handlungen und Probleme bei der Kontrolle von Emotionen können die Folge davon sein, dass wir unsere kognitiven Prozesse verzerren, wenn wir von Wut beherrscht werden. Das kann dazu führen, dass Menschen Schwierigkeiten haben, mit schwierigen Umständen umzugehen oder ihre Gefühle auf gesunde Weise auszudrücken, was emotionalen Schmerz und zwischenmenschliche Konflikte verschlimmern kann.

Adaptive und maladaptive Bewältigungsstrategien zur Stressbewältigung

Um die durch übermäßige Wut verursachte emotionale Belastung zu bewältigen, können Menschen auf verschiedene Bewältigungstechniken zurückgreifen. Die Suche nach sozialer Unterstützung oder Entspannungsmethoden sind Beispiele für adaptive Bewältigungsmechanismen. Andererseits gibt es auch maladaptive Maßnahmen, die zu einer Endlosschleife der emotionalen Belastung führen können. Drogenmissbrauch, Aggression oder Vermeidungsverhalten sind Beispiele für unangepasste Bewältigungstechniken, die zwar kurzfristig die Wut lindern, aber nichts an dem emotionalen Schmerz und den zwischenmenschlichen Konflikten ändern, die aus diesen Handlungen resultieren.

Auswirkungen auf persönliche Beziehungen

Wie wir unsere Wut ausdrücken und kontrollieren, hat großen Einfluss auf die Stärke unserer Beziehungen zu anderen. Die Vernachlässigung des Wutmanagements kann Beziehungen belasten, das Vertrauen beschädigen und die Intimität untergraben, was letztlich zu Feindseligkeit, Groll und emotionalem Rückzug führt. Darüber hinaus können eine ungünstige zwischenmenschliche Dynamik und eine ineffektive Kommunikation und Problemlösung die Folge von unkontrolliertem Ärger sein. Beziehungen, die auf gegenseitigem Respekt und Verständnis beruhen, werden mit größerer Wahrscheinlichkeit friedlich und fruchtbar sein, wenn die Menschen lernen, ihre Emotionen auf gesunde Weise auszudrücken und wissen, wie sie Konflikte lösen können.

Die Auswirkungen eines Traumas auf das Gehirn zu verstehen, ist wichtig, um zu erkennen, warum Menschen in ähnlichen Situationen unterschiedlich reagieren können. Ein Trauma kann die Reaktion des Gehirns auf Stress erheblich verändern, was oft zu einer erhöhten Empfindlichkeit gegenüber wahrgenommenen Bedrohungen und zu einer intensiveren oder länger anhaltenden emotionalen Reaktion führt. Das folgende Beispiel vergleicht die Reaktionen zweier Personen - eine mit einem traumatisierten Gehirn und die andere, die ihre Gefühle besser unter Kontrolle hat - auf dieselbe Stresssituation.

> Das Verständnis der Auswirkungen von Traumata auf das Gehirn hilft dabei, die verschiedenen Reaktionen auf Stress zu erkennen, was für eine effektive Konfliktlösung entscheidend ist.

Situation

Für Emir löst die Kritik des Chefs eine sofortige und intensive Stressreaktion aus. Die Amygdala des Gehirns, die aufgrund eines vergangenen Traumas hypervigilant ist, nimmt Kritik nicht als konstruktiven Kommentar, sondern als direkte Bedrohung wahr.

Das löst die Kampf- oder Fluchtreaktion aus, die eine schnelle Ausschüttung von Stresshormonen verursacht, was Emirs emotionalen Zustand verschlimmert. Anstatt sich auf den Inhalt der Kommentare zu konzentrieren, fühlt sich Emir persönlich angegriffen, was entweder zu einem defensiven Ausbruch ("Das ist nicht fair! Du verstehst nicht, wie viel Arbeit ich in die Sache gesteckt habe!") oder zu einer völligen Abschaltung führt, bei der er sich aus dem Treffen zurückzieht und Schwierigkeiten hat, effektiv zu kommunizieren. Diese Reaktion hat weniger mit der aktuellen Kritik zu tun als mit einem früheren Reaktionsmuster auf die Bedrohung, das sich durch ein Trauma in Emirs Gehirn eingeprägt hat.

Johns Reaktion (Mehr Kontrolle über die Gefühle

John hingegen nimmt die gleiche Kritik durch eine andere Brille wahr. Mit seinem präfrontalen Kortex, der die Emotionen gut regulieren kann, ist John in der Lage, innezuhalten und die Kommentare des Chefs zu verarbeiten, ohne dass es sofort zu einer emotionalen Eskalation kommt. Diese Pause ermöglicht es ihm, die Stichhaltigkeit und Relevanz des Kommentars vernünftig zu bewerten. John erkennt den emotionalen Stachel der Kritik, sieht sie aber als Chance für Wachstum und antwortet mit einer ruhigen Bitte um konkrete Vorschläge ("Ich verstehe deine Bedenken. Könntest du uns genaueres Feedback geben, damit wir uns verbessern können?"). Für John ist Kritik eine professionelle Interaktion und kein persönlicher Angriff.

Vergleichende Analyse

Der Hauptunterschied in den Reaktionen von Emir und John lässt sich auf die unterschiedlichen Auswirkungen von Traumata und emotionalen Regulationsfähigkeiten auf die Gehirnfunktion zurückführen. Ein Trauma kann das Gehirn so sensibilisieren, dass es eine Bedrohung wahrnimmt, obwohl es keine gibt, und unverhältnismäßige emotionale und physiologische Reaktionen auslösen. Gute Fähigkeiten zur Emotionsregulierung, die im Laufe der Zeit durch verschiedene Praktiken und Therapien entwickelt werden können, ermöglichen es dem Einzelnen dagegen, Situationen objektiver zu interpretieren und mit Zurückhaltung zu reagieren.

Dinge kognitiv und emotional einschätzen

Wut ist nur eine von vielen emotionalen Reaktionen, die daraus resultieren können, wie wir die Welt um uns herum wahrnehmen. Zu den kognitiven Verzerrungen, die zu einer verzerrten Sichtweise und verstärkter Wut als Reaktion auf wahrgenommene Ungerechtigkeiten oder Gefahren führen können, gehören Personalisierung, Schwarz-Weiß-Denken und Katastrophisieren. Darüber hinaus wird unsere kognitive Bewertung von Ereignissen durch unsere früheren Erfahrungen, Überzeugungen und kulturellen Normen geprägt, die wiederum die Stärke und Dauer unserer Wutreaktionen beeinflussen.

Kognitive Verzerrungen sind irrationale oder übertriebene Denkmuster, die zu negativen Emotionen, einschließlich Ärger, führen können. Diese Verzerrungen beeinflussen die Art und Weise, wie wir Ereignisse, Interaktionen und die Welt um uns herum interpretieren, und führen oft zu emotionalem Stress und Verhaltensproblemen. Wenn wir diese Verzerrungen wie Personalisierung, Schwarz-Weiß-Denken und Katastrophisieren verstehen, können wir erkennen, wie sie zu Verzerrungen und Blockaden in unserem täglichen Leben führen.

Personalisierung

Bei der Personalisierung handelt es sich um eine kognitive Verzerrung, bei der eine Person nicht zusammenhängende Ereignisse so interpretiert, als hätten sie eine direkte Bedeutung für sie selbst, wobei sie oft die Schuld für Situationen übernimmt, die sich ihrer Kontrolle entziehen.

Wenn jemand Ereignisse persönlich nimmt, kann er oder sie ein übermäßiges Gefühl der Verantwortung oder Schuld für Dinge empfinden, die nicht seine/ihre Schuld sind. Das kann zu verstärkter Wut führen, vor allem, wenn sie sich selbst ständig als Schuldige oder Opfer für die Handlungen anderer sehen.

Wenn ein Freund oder eine Freundin absagt, könnte jemand, der/die zur Personalisierung neigt, denken: "Er/sie hat abgesagt, weil er/sie nicht gerne Zeit mit mir verbringt", anstatt andere, unbeteiligte Gründe in Betracht zu ziehen. Das kann Gefühle der Wut und des Grolls gegenüber dem Freund oder der Freundin hervorrufen und die Beziehung durch vermeintliche Kränkungen, die unbeabsichtigt und unpersönlich sind, beschädigen.

Schwarz-Weiß-Denken

Schwarz-Weiß-Denken, auch bekannt als Alles-oder-Nichts-Denken, besteht darin, Dinge in extremen Kategorien zu sehen, entweder/oder, ohne einen Mittelweg oder eine Grauzone zu erkennen. Diese Art des Denkens kann zu starren Erwartungen und einem Mangel an Flexibilität führen, wenn es darum geht, die Verhaltensweisen und Motive anderer zu verstehen. Es kann Gefühle der Wut verstärken, wenn die Realität nicht mit diesen binären Erwartungen übereinstimmt.

Ein Schüler, der in einer Prüfung eine Zwei bekommt und denkt: "Wenn ich nicht perfekt bin, bin ich durchgefallen", kann erhebliche Wut und Frustration erleben. Diese binäre Sichtweise blockiert die Fähigkeit, die positiven Aspekte ihrer Leistung zu sehen und kann zu unnötigem emotionalen Aufruhr führen.

Katastrophisierung

Katastrophisieren bedeutet, den schlimmstmöglichen Ausgang einer Situation zu erwarten und potenzielle Probleme oft zu übertreiben.

Diese Verzerrung kann intensive emotionale Reaktionen auf relativ unbedeutende Ereignisse hervorrufen, da die Person eine Katastrophe oder extreme negative Konsequenzen erwartet. Die Erwartung dieser Folgen kann angesichts der alltäglichen Herausforderungen zu großer Angst und Wut führen.

Wenn jemand Gerüchte über Entlassungen am Arbeitsplatz hört, kann die Katastrophisierung dazu führen, dass er/sie sofort annimmt, dass er/sie entlassen wird, was zu Wut und Stress führt, weil er/sie sich ungerecht behandelt oder vom Arbeitgeber betrogen fühlt. Das kann zu unnötigen Spannungen und Konflikten am Arbeitsplatz führen, auch wenn der Arbeitsplatz nie in Gefahr war.

Überwindung kognitiver Verzerrungen

Diese kognitiven Verzerrungen zu erkennen und zu überwinden ist entscheidend für die Emotionsregulierung und gesündere zwischenmenschliche Interaktionen. Techniken wie die kognitive Verhaltenstherapie (KVT) können Menschen dabei helfen, ihre verzerrten Denkmuster zu erkennen, ihre Auswirkungen zu verstehen und ausgewogenere und rationalere Wege zu finden, Ereignisse zu interpretieren. Indem sie diese Vorurteile und Blockaden angehen, können Menschen unnötigen Ärger abbauen und ihre alltägliche Belastbarkeit und ihr emotionales Wohlbefinden verbessern.

Emotionsregulierung und gesunder Ausdruck

Die Verbesserung der Fähigkeit, Emotionen zu kontrollieren und auszudrücken, ist entscheidend für ein gesundes Wutmanagement und eine gesunde emotionale Entwicklung. Durch kognitive Verhaltenstaktiken, Entspannungsmethoden und Achtsamkeitspraktiken können Menschen lernen, ihre Emotionen zu kontrollieren, ihre physiologische Erregung zu reduzieren und adaptive Bewältigungsmechanismen zu entwickeln. Konfliktbewältigung und verbesserte zwischenmenschliche Beziehungen sind weitere Vorteile der Entwicklung von Empathie, Mitgefühl und sicheren Kommunikationsfähigkeiten. Wut und andere Emotionen können durch Selbstbewusstsein und Widerstandsfähigkeit besser bewältigt werden, wenn die Menschen eine umfassendere Sicht auf ihre emotionale Gesundheit haben. Das wiederum führt zu einem glücklicheren und erfüllteren Leben.

Das Verständnis für die Zusammenhänge zwischen Wut und anderen Emotionen macht die Komplexität des Menschseins deutlich. Die Entwicklung von emotionaler Intelligenz, Selbstbewusstsein und guten Bewältigungsstrategien ermöglicht es Menschen, die transformative Kraft von Emotionen zu nutzen, was zu größerem Wohlbefinden und harmonischen Beziehungen führt.

Wir beginnen unsere Wut selten auf dem Zenit. Es gibt einen Dominoeffekt, der unsere Emotionen zu explosiver Wut aufschaukelt. Genaue Kenntnisse über die Emotionsregulierung, vor allem durch traumainformierte Studien und das Verständnis der beteiligten neurologischen Prozesse, können die Tiefe und Anwendbarkeit dieses Themas deutlich erhöhen. Um diesem Bedarf gerecht zu werden, werden wir die neurologischen Grundlagen der Emotionsregulierung näher beleuchten und aufzeigen, wie Trauma diese Prozesse beeinflussen kann, sowie kognitive Verhaltensstrategien und Achtsamkeitspraktiken vorstellen, die sich auf empirische Forschungsergebnisse stützen.

Neurologische Prozesse bei der Emotionsregulierung

An der Emotionsregulation sind mehrere Schlüsselbereiche des Gehirns beteiligt, darunter der präfrontale Kortex (PFC), die Amygdala und der Hippocampus. Der PFC, der für exekutive Funktionen wie Planung, Entscheidungsfindung und Impulskontrolle zuständig ist, spielt eine entscheidende Rolle bei der Emotionsregulierung, indem er die Reaktion der Amygdala auf Stress und emotionale Reize dämpft. Die Amygdala, die oft als "Alarmsystem" des Gehirns bezeichnet wird, verarbeitet emotionale Reaktionen, insbesondere Angst und Wut. Der Hippocampus ist an der Bildung von Erinnerungen beteiligt, einschließlich des kontextuellen Verständnisses von Emotionen.

Auswirkungen von Traumata auf die Emotionsregulierung

Ein Trauma kann diese neurologischen Prozesse erheblich verändern. Die Forschung zeigt, dass ein Trauma, insbesondere in kritischen

Entwicklungsphasen, zu einer erhöhten Reaktivität der Amygdala und einer Herabregulierung der CPF führen kann. Dieses Ungleichgewicht führt häufig zu einer verstärkten Stressreaktion und zu Schwierigkeiten bei der Bewältigung von Emotionen, einem Zustand, der als emotionale Dysregulation bekannt ist. Darüber hinaus können traumabedingte Veränderungen im Hippocampus die Art und Weise beeinflussen, wie emotionale Erinnerungen verarbeitet und hervorgerufen werden, was die emotionale Reaktion auf neue Reize erschwert.

Kognitive Verhaltenstaktiken und Achtsamkeitspraktiken

Die kognitive Verhaltenstherapie (KVT) hat sich als wirksam erwiesen, um emotionale Dysregulationen anzugehen, indem sie Menschen dabei hilft, negative Denkmuster, die emotionale Reaktionen verschlimmern, zu überdenken (Beck, 2011). Durch die kognitive Verhaltenstherapie lernen die Betroffenen, kognitive Verzerrungen zu erkennen und adaptiver zu denken, was die Intensität und Häufigkeit von Wutausbrüchen verringern kann.

Achtsamkeitspraktiken wie Meditation und achtsames Atmen verbessern nachweislich die Emotionsregulation, indem sie das Bewusstsein für emotionale Zustände erhöhen und die Reaktivität verringern. Eine Studie von Tang et al. (2015) zeigte, dass Achtsamkeitstraining die Konnektivität zwischen der CPF und der Amygdala stärkt und so die Fähigkeit zur Emotionsregulation verbessert.

Einfühlungsvermögen, Mitgefühl und Kommunikationsfähigkeiten entwickeln

Empathie- und Mitgefühlstraining, das oft in therapeutische Ansätze wie die Dialektische Verhaltenstherapie (DBT) integriert wird, kann weiter zur Emotionsregulierung beitragen, indem es ein tieferes Verständnis für die Emotionen und Perspektiven anderer fördert, was wiederum zwischenmenschliche Beziehungen verbessern und Konflikte reduzieren kann. Durchsetzungsfähige Kommunikationsfähigkeiten, die sowohl in der CBT als auch in der DBT im Mittelpunkt stehen, ermöglichen es Menschen, ihre Bedürfnisse und Emotionen konstruktiv auszudrücken, ohne zu Aggression oder Passivität zu greifen.

Die Anzeichen für aufkommenden Ärger erkennen

Wut ist eine normale menschliche Emotion, aber sie kann schnell von einer leichten Verärgerung zu einer ausgewachsenen Wut eskalieren. Um diese starke Emotion zu kontrollieren und negative Folgen zu vermeiden, ist es wichtig zu wissen, wie man die Warnzeichen der Wut erkennt. Menschen können lernen, ihre Wut zu regulieren, bevor sie außer Kontrolle gerät, indem sie sich ihrer selbst bewusster werden und auf eine Vielzahl von Anzeichen achten, darunter körperliche, mentale, verhaltensbezogene, verbale, emotionale und umweltbedingte.

Anzeichen auf dem Körper

Wenn der Wutpegel steigt, können Menschen eine Reihe von körperlichen Empfindungen verspüren. Einige dieser Symptome können Herzrasen, flache Atmung, angespannte Muskeln, geballte Fäuste und eine Rötung des Gesichts sein. Wenn du die physiologische Reaktion deines Körpers auf Wut verstehst und diese Anzeichen frühzeitig erkennst, kannst du eingreifen, bevor dich deine Gefühle überwältigen.

Kognitive Verzerrungen

Wenn wir wütend sind, neigen unsere Gedanken dazu, voreingenommen zu sein, was dazu führt, dass wir uns noch schlechter fühlen. Wut kann zunehmen, wenn Menschen in absoluten Kategorien denken, vorschnelle Urteile fällen, zu sehr verallgemeinern oder sich zu sehr auf sich selbst konzentrieren. Wut kann außer Kontrolle geraten, wenn Menschen nicht lernen, ihre eigenen kognitiven Verzerrungen zu erkennen und ihre unlogischen Überzeugungen zu hinterfragen.

Verhaltensauffälligkeiten

Wenn die Wut zunimmt, werden oft Verhaltensänderungen beobachtet. Angstzustände, ständiges Auf und Ab und Unruhe sind nur einige der Symptome, die auftreten können. In schweren Fällen können Menschen gewalttätig werden und sich durch Schreien, Drohgebärden oder sogar körperliche Gewalt bemerkbar machen. Wer diese Verhaltenssymptome erkennt, kann aktiv Spannungen abbauen und eine weitere Eskalation der Situation vermeiden.

Das Spektrum der Erscheinungsformen von Wut

Wut ist eine facettenreiche Emotion, die ein breites Spektrum von leichter Verärgerung bis hin zu heftiger Wut abdeckt und sich sowohl in offenem als auch in verdecktem Verhalten äußern kann. Neben den offensichtlichen Anzeichen wie Schreien oder körperlicher Aggression gibt es auch subtilere Anzeichen dafür, dass sich Wut aufbaut. Das können Veränderungen im Tonfall sein, wie z. B. ein schroffer oder sarkastischer Tonfall, Veränderungen in der Körpersprache, wie z. B. das Zusammenpressen der Kiefer oder Fäuste, oder sogar Rückzug und Schweigen, was auf unterdrückten Ärger oder Groll hindeuten kann.

Psychologische Grundlage

Der Ausdruck von Wut ist eng mit individuellen psychologischen Prozessen verbunden, einschließlich Stressreaktionssystemen, Bewältigungsmechanismen und erlernten Verhaltensweisen aus früheren Erfahrungen.

> Die Warnzeichen zu erkennen, die darauf hindeuten, dass sich Wut aufbaut, ist entscheidend, um diese starke Emotion zu kontrollieren und negative Folgen zu vermeiden.

Jemand, der in einem Umfeld aufgewachsen ist, in dem Wut durch Schweigen ausgedrückt wurde, könnte sich zum Beispiel zurückziehen, um seine Wut auszudrücken. Das Verständnis dieser psychologischen Faktoren ist entscheidend, um Wut zu erkennen und mit ihr auf gesunde Weise umzugehen..

Erkennen der subtilen Anzeichen

Um die weniger offensichtlichen Anzeichen von Wut zu erkennen, braucht man ein ausgeprägtes Selbstbewusstsein und emotionale Intelligenz. Dazu gehört, auf die eigenen inneren Erfahrungen zu achten und zu erkennen, wann kognitive Verzerrungen wie Übergeneralisierung oder Personalisierung die emotionale Reaktion verstärken. Dieses Bewusstsein kann sich auch auf das Erkennen von Auslösern in der Umwelt oder in der Interaktion mit anderen erstrecken, die auf subtile Weise den Stress und damit die Wut verstärken können.

Die Rolle der Physiologie

Physiologisch gesehen aktiviert Wut die "Kampf-oder-Flucht"-Reaktion des Körpers, was zu einem Anstieg von Herzfrequenz, Blutdruck und Adrenalinspiegel führt. Das Erkennen dieser physiologischen Veränderungen kann als Frühwarnsystem dienen und signalisiert die Notwendigkeit, Bewältigungsstrategien anzuwenden, bevor die Wut eskaliert. Techniken wie tiefes Atmen, Achtsamkeit oder sogar körperliche Aktivität können dabei helfen, diese physiologischen Reaktionen zu regulieren und zu verhindern, dass sich die Wut in schädlichen Verhaltensweisen manifestiert.

Deeskalationsstrategien

Eine wirksame Wutbewältigung und -reduzierung umfasst sowohl interne als auch externe Strategien. Innerlich kann eine kognitive Umstrukturierung, die nicht hilfreiche Denkmuster hinterfragt und verändert, die Intensität der Wut verringern. Extern können Kommunikationstechniken, die aktives Zuhören, Einfühlungsvermögen und Durchsetzungsvermögen betonen, helfen, Situationen zu bewältigen, die sonst zu Konflikten führen könnten. Die Bedeutung des Kontextes zu erkennen - zu verstehen, wann und warum bestimmte Verhaltensweisen auftreten - kann dabei helfen, die am besten geeignete Strategie zum Abbau von Spannungen zu wählen.

Mündliche Ausdrücke

Auch nonverbale Hinweise, wie z. B. Sprachmuster, können Aufschluss darüber geben, wie sich Wut entwickelt. Verbale Anzeichen für eskalierende Wut sind zum Beispiel das Erheben der Stimme, unflätige Ausdrücke, Sarkasmus oder Drohungen. Wenn diese Emotionen unkontrolliert bleiben, können sie den Streit verschlimmern und die Beziehungen belasten. Einzelpersonen können einen produktiven Diskurs fördern und potenziell explosive Situationen entschärfen, indem sie ihre verbale Kommunikation überwachen und eine aggressive, nicht konfrontative Sprache verwenden.

Körperliche Symptome

Kopfschmerzen, Schwindel, Übelkeit oder Erschöpfung sind einige der körperlichen Symptome, die eine Eskalation der Wut begleiten können. Diese äußerlichen Anzeichen spiegeln die physiologische Reaktion auf die Wut wider und können, wenn sie unbehandelt bleiben, den emotionalen Stress noch verstärken. Menschen können ihre körperlichen Symptome in den Griff bekommen und ihre Wut kontrollieren, indem sie Sport treiben, Entspannungsmethoden oder tiefe Atemübungen anwenden.

Wenn man die Warnzeichen einer eskalierenden Wut kennt, kann man vorbeugende Maßnahmen ergreifen und gesunde Bewältigungsmechanismen entwickeln. Wenn Menschen lernen, sich ihrer selbst bewusster zu werden und ihre Emotionen zu kontrollieren, können sie besser mit ihrer Wut umgehen und ihre Gesundheit verbessern. Aufsteigende Wut zu erkennen und zu kontrollieren ist entscheidend für die Aufrechterhaltung guter Beziehungen und das emotionale Wohlbefinden. Dies kann durch Achtsamkeitsübungen, energetische Kommunikation oder Entspannungsmethoden erreicht werden.

Fragebögen zur Selbsteinschätzung

Fragebogen 1: Bewertung des Wutpegels Spielberger, C.D. (1999) Anweisungen

Bitte bewerte die folgenden Aussagen auf einer Skala von 1 bis 5, wobei 1 für starke Ablehnung und 5 für starke Zustimmung steht.
- ✓ Ich bin oft reizbar oder leicht frustriert.
- ✓ Mein Herz rast und meine Atmung wird flach, wenn ich wütend bin.
- ✓ Ich spüre oft Muskelverspannungen oder balle meine Fäuste, wenn ich wütend werde.
- ✓ Ich habe Schwierigkeiten, mein Temperament zu zügeln, wenn die Dinge nicht so laufen, wie ich will.
- ✓ In Momenten der Wut bereue ich oft meine Taten oder Worte.
- ✓ Es fällt mir schwer, mich zu beruhigen, wenn ich wütend werde.
- ✓ Andere haben sich über meine häufigen Wutausbrüche geäußert.
- ✓ Ich neige dazu, nachtragend zu sein oder mich mit vergangenen Konflikten zu beschäftigen.
- ✓ Ich fühle mich von meiner Wut überwältigt und finde es schwierig, sie effektiv zu bewältigen.
- ✓ Wut beeinträchtigt meine Beziehungen und mein tägliches Funktionieren.

Ergebnis

Zähle die Punkte für jede Frage zusammen, um dein Gesamtniveau der Wut zu ermitteln.
- o 10-20: Geringes Wutlevel
- o 21-30: Mäßiges Wutniveau
- o 31-40: Hoher Grad an Wut

66

o   41-50: Sehr hohes Maß an Wut

Fragebogen 2: Auslöser für Wut identifizieren

Anweisungen

Überlege dir die folgenden Situationen und gib an, ob sie dich wütend machen, indem du Ja oder Nein ankreuzt.

✓ Kritisiert zu werden oder negative Kommentare zu erhalten.

✓ Sich nicht respektiert oder ungerecht behandelt fühlen.

✓ Mit unerwarteten Hindernissen oder Rückschlägen konfrontiert werden.

✓ Der Umgang mit unkooperativen oder inkompetenten Menschen.

✓ Wirtschaftliche Schwierigkeiten oder Stress.

✓ Interaktion mit Familienmitgliedern in angespannten Situationen.

✓ Verkehrsstaus oder Verspätungen während der Fahrt.

✓ Zeuge von Ungerechtigkeit oder Diskriminierung werden.

✓ Du fühlst dich von der Arbeit oder dem akademischen Druck überwältigt.

✓ Körperliches Unbehagen oder Schmerzen.

Ergebnis

Zähle die Anzahl der "Ja"-Antworten, um deine wichtigsten Wutauslöser zu identifizieren.

Wichtigste Schlussfolgerungen

• Als Folge von Wut wird das sympathische Nervensystem aktiviert und Stresshormone werden ausgeschüttet, neben anderen physiologischen Reaktionen.

- Frustration, Bitterkeit und Aggression sind nur einige der vielen Emotionen, die durch Wut ausgelöst und beeinflusst werden können. Wut kann schnell außer Kontrolle geraten, wenn die Warnzeichen wie angespannte Muskeln und Herzrasen nicht erkannt werden.
- Instrumente zur Wutbewältigung, wie Fragebögen zur Selbsteinschätzung, können Menschen dabei helfen herauszufinden, was sie wütend macht und wie sie es kontrollieren können.

Zusammenfassung der praktischen Maßnahmen

- Um körperliche Reaktionen auf Wut zu kontrollieren, kannst du Achtsamkeitsübungen wie tiefe Atmung und progressive Muskelentspannung ausprobieren.
- Entdecke den Schmerz oder die Angst hinter deiner Wut und finde heraus, wie du mit diesen Emotionen auf gesunde Weise umgehen kannst.
- Um Veränderungen im Wutpegel zu verfolgen und den Erfolg der Wutbewältigung zu bewerten, solltest du regelmäßig Fragebögen zur Selbsteinschätzung ausfüllen.
- Die regelmäßige Teilnahme an Fragebögen zur Selbsteinschätzung kann dazu beitragen, ein effektives Wutmanagement und emotionales Wohlbefinden zu fördern. Indem sie Fragen zu den Auslösern ihrer Wut, ihren emotionalen Reaktionen und ihren Bewältigungsstrategien beantworten, können sie ihre Selbstwahrnehmung verbessern und wiederkehrende Muster in ihren Wutausbrüchen erkennen.
- Im Laufe der Zeit kann der Einzelne so seine Fortschritte verfolgen, Wachstumsbereiche erkennen und Strategien für eine anpassungsfähigere Emotionsregulierung entwickeln.
- Wenn du oder ein dir nahestehender Mensch Probleme hat, mit seiner Wut umzugehen, ist es ein mutiger Schritt, Menschen um

Unterstützung zu bitten, denen du vertraust, egal ob es sich dabei um Freunde, Familie oder Experten für psychische Gesundheit handelt.

Im nächsten Kapitel werden wir die komplexe Dynamik von Beziehungen erforschen, während wir unsere Reise durch die Landschaft der Wut fortsetzen. Eine so starke Emotion wie Wut kann erhebliche Auswirkungen auf unsere Beziehungen zu den Menschen haben, die uns am nächsten stehen, und das Wesen unserer sozialen Bindungen verändern.

Das Verständnis für die Feinheiten der Konfliktlösung, des Gefühlsausdrucks und der Kommunikation wird klarer, wenn wir uns im nächsten Kapitel damit beschäftigen, wie sich Wut in den verschiedenen Arten von Beziehungen äußert. Die Rolle der Wut in Beziehungen zu verstehen, ist entscheidend für den Aufbau starker Bindungen und dauerhafter Beziehungen, egal ob es darum geht, Konflikte mit geliebten Menschen zu lösen oder mit sozialen Enttäuschungen umzugehen. In Kapitel 4 erfährst du mehr über das komplexe Geflecht menschlicher Beziehungen und die mächtigen Auswirkungen, die Wut auf sie haben kann.

KAPITEL 4

Wut in Beziehungen: Freunde, Familie und andere

Emotionen sind ansteckend. Das wissen wir alle aus Erfahrung.

– Daniel Goleman

BEI DER ERFORSCHUNG der Dynamik von Wut in Beziehungen ist es wichtig, ihre tiefgreifenden Auswirkungen auf die Menschen und ihre Beziehungen zu erkennen. Der bekannte Psychologe Daniel Goleman sagte einmal: "Emotionen sind ansteckend. Das wissen wir alle aus Erfahrung. Diese Aussage unterstreicht den tiefgreifenden Einfluss von Wut auf zwischenmenschliche Beziehungen, deren Auswirkungen weit über den ursprünglichen Auslöser hinausgehen können. Das Zitat

> Das Verständnis für die Auswirkungen von Wut auf Beziehungen unterstreicht, wie wichtig es ist, Selbstbewusstsein, Einfühlungsvermögen und effektive Kommunikation für gesündere Interaktionen zu kultivieren.

deutet darauf hin, dass körperliche Wunden zwar mit der Zeit heilen, die emotionalen Narben, die der Ärger hinterlässt, aber oft bis in alle Ewigkeit bestehen bleiben.

Wenn wir uns mit der Komplexität von Wut in verschiedenen Beziehungskontexten auseinandersetzen - ob mit Freunden, Familie oder Bekannten - können wir besser verstehen, wie sie Bindungen zerstören, Vertrauen untergraben und Ressentiments säen kann. Wenn wir uns also in unseren sozialen Kreisen mit den Feinheiten der Wut auseinandersetzen, ist es unerlässlich, Selbstbewusstsein, Einfühlungsvermögen und effektive Kommunikationsfähigkeiten zu kultivieren, um gesündere und harmonischere Beziehungen zu fördern. Stell dir vor, am Horizont braut sich ein Sturm zusammen. Die dunklen Wolken wirbeln auf und werden bald eine Flut von Regen und Blitzen loslassen. Wut kann wie ein Sturm grausam und unberechenbar sein, einen Schatten auf unsere Beziehungen werfen und Wunden hinterlassen, die nur schwer zu heilen sind. Wenn du dich unter wütenden Menschen aufhältst, sei es in deiner Familie, unter Freunden oder im Bekanntenkreis, wurdest du da schon einmal von den Wellen mitgerissen? Wut kann sich verheerend auf alle Bindungen auswirken, von der zarten Dynamik einer angespannten Freundschaft bis zu den gewalttätigen Konfrontationen der Familiendynamik.

Dieses Kapitel nimmt dich mit auf eine Reise durch das komplexe Beziehungsgeflecht und untersucht, wie Wut entsteht und welchen Schaden sie in unseren Beziehungen anrichten kann. Wir werden die verborgenen Tatsachen der Wut in unseren engsten Beziehungen erforschen und lernen, wie wir Meinungsverschiedenheiten mit Einfühlungsvermögen und Gnade lösen können, indem wir Geschichten, Fakten und Fragen untersuchen, die zum Nachdenken anregen. Bereiten wir uns also darauf vor, uns den Wellen der zwischenmenschlichen Dynamik zu stellen, damit wir auf der anderen Seite mit einem besseren Verständnis dafür herauskommen, was nötig ist, um stärkere und gesündere Bindungen zueinander aufzubauen.

Wut in der Freundschaft

Obwohl Streit und Auseinandersetzungen zu jeder Beziehung gehören, kann es schwierig sein, Wut in Freundschaften zu kontrollieren Eine gute und glückliche Freundschaft hängt davon ab, wie du lernst, deine Emotionen auszubalancieren. In diesem detaillierten Leitfaden erfährst du alles über den Umgang mit Wut in deinen Freundschaften:

Die Dynamik der Wut verstehen

Vertrauen, gegenseitiger Respekt und gemeinsame Erfahrungen sind die Eckpfeiler einer starken Freundschaft. Andererseits kann es zu Meinungsverschiedenheiten kommen, wenn die Erwartungen der Menschen nicht erfüllt, Grenzen verletzt oder der Dialog abgebrochen wird. Frustration, Schmerz, Wut und andere negative Emotionen können aus diesen Meinungsverschiedenheiten entstehen und die Beziehung belasten, wenn sie nicht ausgeräumt werden. Der erste Schritt zur Überwindung von Streitigkeiten und zum Aufbau einer Beziehung besteht darin, herauszufinden, was dich wirklich stört, z. B. unerfüllte Wünsche oder unerledigte Angelegenheiten.

> Der Umgang mit Wut in Freundschaften erfordert Verständnis für Emotionen Kommunikation Empathie, um Beziehungen zu stärken.

Nehmen wir zum Beispiel den Fall eines Paares, das sich immer wieder über die Hausarbeit streitet. Obwohl sich die Meinungsverschiedenheiten oberflächlich betrachtet um die Aufgabenteilung zu drehen scheinen, kann eine tiefere Untersuchung ergeben, dass sich ein Partner für seine Beiträge unterbewertet und nicht gewürdigt fühlt, während der andere einen Groll hegt, der aus unausgesprochenen Erwartungen resultiert. In solchen Fällen kann das Paar aufhören, sich gegenseitig zu beschuldigen, und sich darauf konzentrieren, die grundlegenden Probleme durch ein einfaches, ehrliches Gespräch über ihre Gefühle und Bedürfnisse gemeinsam anzugehen, um so Verständnis und Einfühlungsvermögen und letztendlich eine stärkere Verbindung zu fördern.

Ehrliche Kommunikation

Die Grundlage aller gesunden Beziehungen, einschließlich Freundschaften, ist eine offene und ehrliche Kommunikation. Verwende "Ich"-Aussagen, um deinen Standpunkt zu erklären, ohne jemandem die Schuld zu geben; tu es höflich und sanft. Ermutige deine Freundin oder deinen Freund, dir zu sagen, was sie oder er fühlt und denkt, und höre ihr oder ihm genau zu, damit du ihre oder seine Sicht der Dinge verstehen kannst. Wenn Menschen in der Lage sind, effektiv zu kommunizieren, können sie einander verstehen und ihre Gedanken und Gefühle mitteilen, ohne Angst vor Konsequenzen zu haben.

Einfühlungsvermögen ist der Schlüssel

Wenn es um Ärger in Freundschaften geht, ist Empathie der Schlüssel. Auch Validierung ist wichtig. Versuche, dich in die Lage deines Freundes oder deiner Freundin zu versetzen. Erkenne ihre Erfahrungen an und zeige Zuwendung und Mitgefühl, um ihre Gefühle zu bestätigen. Drücke deine Bereitschaft aus, für sie oder ihn da zu sein und erkenne an, dass ihre oder seine Gefühle echt sind. Wenn Menschen empathisch miteinander sprechen, fühlt sich jeder gehört, geschätzt und unterstützt.

Auf der Suche nach einer Lösung

Das Lösen von Konflikten ist wichtig, um mit Ärger in Freundschaften umzugehen und Frieden zu finden. Versuche, die Meinungsverschiedenheit mit Hilfe deines Freundes gütlich zu lösen. Denke über Kompromisslösungen nach, die euren beiden Ansprüchen gerecht werden. Übernimm die Verantwortung für dein Verhalten und sei bereit, dich zu entschuldigen, falls nötig. Die Suche nach Gemeinsamkeiten und die Vertiefung eurer Beziehung sollten Vorrang vor dem Versuch haben, ein Problem zu "gewinnen". Löse

Konflikte, indem du Einfühlungsvermögen zeigst, geduldig bist und für Kompromisse offen bist.

Entschuldigung

Eine Schlüsselkomponente zur Lösung von wütenden Freundschaften ist es, einander zu vergeben und weiterzumachen. Lass deine negativen Gefühle über deinen Freund oder deine Freundin in der Vergangenheit. Jetzt ist es an der Zeit, weiterzumachen. Groll und Schuldzuweisungen zwischen Freunden machen alles nur noch schlimmer. Vergebt einander und seht die Meinungsverschiedenheit als das, was sie wirklich ist: eine Gelegenheit, zu lernen und sich weiterzuentwickeln. Vereinbart, an der Verbesserung eurer Beziehung zu arbeiten und die gelernten Lektionen zu akzeptieren. Der Aufbau einer stärkeren und widerstandsfähigeren Beziehung ist möglich, wenn ihr beide Vergebung übt und euch weiterentwickelt. Das wird euch helfen, Hindernisse gemeinsam zu überwinden.

Schließlich ist es für Freundinnen und Freunde wichtig, effektiv zu kommunizieren, Empathie zu zeigen und kompromissbereit zu sein, um mit Wut umzugehen. Wenn du lernst, deine Wut zu kontrollieren, ehrlich miteinander zu reden, gesunde Grenzen zu setzen und dir selbst und anderen zu verzeihen, wenn du etwas falsch machst, werden deine Freundschaften aufblühen und deine Beziehungen solidarischer und verständnisvoller sein.

Wut im familiären Umfeld

In familiären Beziehungen kann sich Wut oft verfangen, was zu verschärften Emotionen und angespannten Interaktionen führt. Um Wut effektiv zu bewältigen und gesündere Beziehungen zu fördern, ist es wichtig, die Dynamik der Familieneinheit zu verstehen. Wenn du die zugrundeliegenden Kommunikationsmuster, Machtstrukturen und emotionalen Auslöser in deiner Familie erkennst, kannst du wertvolle

Erkenntnisse darüber gewinnen, warum Konflikte entstehen und wie du konstruktiver mit ihnen umgehen kannst.

Zu erkennen, dass es normal ist, wütend auf Familienmitglieder zu sein, ist der erste Schritt. Die meisten Menschen kennen dich nicht so gut wie deine Familie, oder zumindest nicht so gut, wie du es dir wünschen würdest. Es ist zwar normal, auf deine Familie wütend zu sein, aber du musst die volle Verantwortung dafür übernehmen, wie du dich verhältst, wenn du wütend bist

> In Zeiten der Wut die Verantwortung für das eigene Handeln zu übernehmen, ist entscheidend für die Förderung gesunder Beziehungen.

Stelle sicher, dass deine Erwartungen angemessen sind

Mit anderen Worten: Du bereitest dich selbst auf eine Enttäuschung vor, wenn du glaubst, dass deine Familie anders handeln wird, als sie es dir gezeigt hat. Sei ehrlich zu dir selbst und akzeptiere deine Familienmitglieder für das, was sie dir gezeigt haben, mit all ihren Fehlern. Wenn du auf die Realität vorbereitet bist, wirst du dich ihr eher stellen können. Außerdem wird es dir leichter fallen, nicht wütend auf deine Familienmitglieder zu werden, wenn sie deine Erwartungen nicht erfüllen, wenn du sie so akzeptieren kannst, wie sie sind, mit all ihren Fehlern und Schwächen.

Ein Familienmitglied zu akzeptieren bedeutet nicht, dass man mit seinen Meinungen oder Verhaltensweisen völlig einverstanden ist, sondern dass man seine Autonomie und seinen Wert als Person anerkennt und respektiert. Diese Unterscheidung ermöglicht es, gesunde Grenzen und eine konstruktive Kommunikation innerhalb der Familie zu pflegen. Stell dir zum Beispiel vor, dass ein Elternteil politische Überzeugungen hat, die denen seines erwachsenen Kindes diametral entgegengesetzt sind.

Selbst wenn das Kind mit dem Standpunkt des Elternteils nicht einverstanden ist, kann es sich dafür entscheiden, dessen Autonomie zu respektieren und eine liebevolle Beziehung aufrechtzuerhalten, indem es sich auf gemeinsame Werte konzentriert, einen offenen Dialog fördert und, wann immer möglich, eine gemeinsame Basis findet. Indem sie sich bewusst machen, dass Akzeptanz nicht gleichbedeutend mit Zustimmung ist, können die Familienmitglieder Differenzen mit Anmut, Einfühlungsvermögen und gegenseitigem Respekt begegnen und so die Familienbande erhalten und gleichzeitig ihre eigenen Überzeugungen ehren.

Sei nachsichtig mit anderen

Sei dir bewusst, dass du nicht verpflichtet bist, deine Meinungen, Verhaltensweisen oder Interessen mit anderen zu teilen. Du solltest für die Ansichten anderer genauso viel Verständnis aufbringen, wie du selbst respektvoll behandelt werden möchtest, wenn du deine eigene Meinung vertrittst. Eine weitere wichtige Sache, an die du denken solltest, wenn du mit Ärger in der Familie umgehst, ist, dass du freundlich und tolerant zu ihnen bist, auch wenn sie anders sind, als du denkst, dass sie sein "sollten".

Anstatt zu reden, um verstanden zu werden, höre zu, um verstanden zu werden.

Höre mit der Absicht zu, zu verstehen und nicht nur, um verstanden zu werden. Meiner Meinung nach sollte die Bedeutung des Zuhörens nicht unterschätzt werden. Je mehr du anderen das Gefühl gibst, dass ihnen zugehört wird, desto eher werden sie sich revanchieren. Vor allem, wenn es sich um Mitglieder deiner eigenen Familie handelt. Versetze dich in ihre Lage und höre ihnen zu, ohne deine Meinung zu sagen. Deine Lieben werden es zu schätzen wissen. Wie du es dir wahrscheinlich auch wünschst, verbessern sich deine Chancen, jemanden so zu akzeptieren, wie er oder sie ist, je mehr du die Dinge aus ihrer Sicht siehst und ihre Beweggründe verstehst.

Vergiss nicht, dass du ein Mensch bist und Fehler machen kannst.

Wenn du einen Fehler machst, ist es verlockend, sich auf dich selbst zu konzentrieren, aber denk daran, dass auch deine Lieben verärgert sind. Wir neigen dazu, uns auf den Schmerz zu konzentrieren, den andere uns zufügen, und den Schmerz, den wir bei anderen verursachen, herunterzuspielen. Aber jetzt, wo du das weißt, halte ich es für deine Pflicht, Bilanz zu ziehen und dir einzugestehen, dass du deine Familie in vielerlei Hinsicht verletzt hast, entweder absichtlich oder unabsichtlich. Wenn du deine eigenen Unzulänglichkeiten besser verstehst, kannst du den Familienmitgliedern, die dich jetzt belästigen, mit mehr Demut begegnen.

Sei freundlich, während du führst.

Auch wenn Freundlichkeit und Mitgefühl bei der Lösung von Familienstreitigkeiten oft hilfreich sind, ist es wichtig, die Grenzen dieses Ansatzes zu erkennen, vor allem in Situationen, in denen die Familienbeziehungen von Toxizität oder Missbrauch geprägt sind. Das Gefühl, dass "Familie eben Familie ist", wird dem tiefen Schmerz und Trauma von Menschen, die von Familienmitgliedern verspottet, verleugnet oder anderweitig misshandelt werden, möglicherweise nicht gerecht.

In solchen Fällen sind die Priorisierung des eigenen Wohlbefindens, das Setzen von Grenzen und die Suche nach Unterstützung durch vertrauenswürdige Quellen wichtige Schritte, um schwierige Familiendynamiken zu bewältigen. Die Ermutigung zum Dialog über die Komplexität von Familienbeziehungen und die Förderung von Verständnis bei gleichzeitiger Anerkennung der Notwendigkeit von Verantwortung und Selbstschutz können gesündere Beziehungen in Familien fördern. Letztlich erfordert echte Heilung und Versöhnung innerhalb der Familiendynamik Einfühlungsvermögen, Verständnis und die Bereitschaft, schädliche Verhaltensweisen und Dynamiken anzugehen.

Familienkonflikt

Stell dir ein Ehepaar, Karen und Tom, vor, das sich immer wieder heftig über Geld streitet. Diese Streitigkeiten eskalieren und führen zu Spannungen in der Beziehung zu ihren Kindern. Ihre Unfähigkeit, ihre finanziellen Differenzen zu lösen, wirkt sich negativ auf das Vertrauen und den Zusammenhalt der Familie aus und führt zu einem Teufelskreis aus Feindseligkeit und Konflikten.

In dieser Analyse sehen wir, wie die Spannungen zwischen Tom und Karen zeigen, wie anhaltende Probleme die Familienbeziehungen beeinträchtigen können. Die Stabilität und Einheit ihrer Familie wird durch ihre chronische Unfähigkeit untergraben, klar zu kommunizieren und in Geldangelegenheiten einen Konsens zu finden. Karen und Tom können ihre Beziehung und die finanzielle Situation ihrer Familie verbessern, indem sie einen Fachmann aufsuchen, der ihnen bei ihren Kommunikations- und Beziehungsproblemen hilft. Dies könnte in Form einer Paartherapie oder einer Finanzplanung geschehen.

Wichtige Punkte: Das Wichtigste ist, daran zu denken, dass der beste Ansatz zur Lösung von Familienproblemen und zum Aufbau von Beziehungen darin besteht, die Dinge zu besprechen, genau zuzuhören und gemeinsam nach Lösungen zu suchen. Die Förderung eines hilfreichen und harmonischen Familienumfelds ist möglich, wenn Familien gegenseitigen Respekt und Verständnis in den Vordergrund stellen. Das ermöglicht es ihnen, wirtschaftliche Schwierigkeiten und andere Belastungen als Einheit durchzustehen.

Gesunde Grenzen setzen

Um sich in Familienbeziehungen zurechtzufinden, insbesondere bei Meinungsverschiedenheiten oder Konflikten, ist ein differenziertes Verständnis von Grenzen erforderlich. Grenzen sind die emotionalen, physischen und psychologischen Grenzen, die Menschen setzen, um ihr Wohlbefinden zu schützen und gesunde Beziehungen zu pflegen. Sie dienen als Richtlinien für akzeptables Verhalten und helfen dabei,

Mit deiner Kritik etwas bewirken Entfessle die Kraft der Großzügigkeit

"Mit Geld kann man kein Glück kaufen, aber man kann es verschenken". - Freddie Mercury

Wusstest du, dass Menschen, die geben, ohne etwas zu erwarten, länger leben, glücklicher sind und mehr Geld verdienen? Wenn wir also während unserer gemeinsamen Zeit eine Chance haben, werde ich es verdammt noch mal versuchen. Um das zu erreichen, habe ich eine Frage an dich...

<u>**Wer ist diese Person?**</u> Er oder sie ist dir sehr ähnlich. Oder sie erinnert dich zumindest daran, wer du einmal warst: mit dem Wunsch, etwas zu verändern, und auf der Suche nach Orientierung, aber ohne zu wissen, wo sie zu finden ist.

Unsere **MISIÓN** ist es, die Weisheit des Wutmanagements für alle zugänglich zu machen. Alles, was wir tun, hat mit dieser Mission zu tun. <u>Und der einzige Weg, dies zu erreichen, ist .... nun ja... jeden.</u>

Hier <u>kommst **DU ins** Spiel.</u> So sehr wir uns auch etwas anderes wünschen, die meisten Menschen beurteilen ein Buch nach seinem Einband (und seinen Rezensionen). Hier ist also meine Bitte im Namen eines Teenagers, der sich abmüht, so wie du es einst warst:

> **Bitte leihen Sie** Ihre
> <u>**STIMME**</u> zu diesem Buch, indem du eine Rezension hinterlässt.

Dein **BEITRAG** erfordert **KEIN Geld** und dauert <u>weniger als 60 Sekunden</u>, aber es könnte das **LEBEN** <u>eines anderen Teenagers für immer verändern.</u> Dein REVISIÓN könnte helfen...
...findet ein anderer Teenager mit Problemen Trost und Unterstützung.
...ein Elternteil oder eine Betreuungsperson, um ihr Kind besser zu verstehen und mit ihm in Kontakt zu treten.
...ein Lehrer oder Berater seine Schüler effektiver beraten kann.
...eine Gemeinschaft fördert das Einfühlungsvermögen und das Verständnis ihrer Mitglieder.

Um die Genugtuung zu erleben, einen echten Unterschied zu machen und jemandem in Not zu helfen, musst du nur... und das dauert weniger als eine Minute... <u>**EINE BEWERTUNG ABZUGEBEN.**</u>

Scanne einfach den QR-Code unten, um dein Feedback zu hinterlassen:

Wenn du an die **KRAFT der EMPATHIE** und der Unterstützung glaubst, dann bist du mein Typ Mensch <u>**WILLKOMMEN** im **CLUB.**</u> **DU BIST** einer von **UNS.**

Estoy aún <u>más emocionada de ayudarte a navegar por las tormentas de la adolescencia y a dominar tus emociones</u> de lo que puedas imaginar. Encontrarás un inmenso valor en <u>las estrategias y percepciones que estoy a punto de</u> compartir en los capítulos **PRÓXIMOS.**

GRACIAS desde lo más profundo de mi corazón. Ahora, volvamos a nuestro viaje de crecimiento y comprensión.

Tu aliada en el viaje, **Emma Davis**

PD - ¿Lo sabías? Al aportar valor a los demás, usted se vuelve más valioso para ellos. Si crees que este libro puede beneficiar a otra persona, ¿por qué no se lo pasas?

abzugrenzen, wo eine Person in einer Beziehung aufhört und eine andere beginnt.

Grenzen zu setzen bedeutet, persönliche Bedürfnisse, Werte und Grenzen zu erkennen und sie anderen gegenüber klar und deutlich zu kommunizieren. Grenzen können viele Formen annehmen, wie zum Beispiel:

Emotionale Grenzen Hier geht es darum, die Gefühle, Meinungen und Autonomie des anderen zu respektieren. Setz dir zum Beispiel Grenzen, wie viel emotionale Unterstützung oder Engagement du in bestimmten Situationen bereit bist zu geben.

Körperliche Grenzen: Diese beziehen sich auf den persönlichen Raum und den Körperkontakt. Sie können die Abgrenzung von persönlichen Gegenständen, persönlichem Raum oder körperlicher Zuneigung beinhalten.

Zeitlimits Diese bestehen darin, Prioritäten für die eigene Zeit und Energie zu setzen und die Zeit, die man für bestimmte Aktivitäten oder Beziehungen aufwendet, zu begrenzen.

Kommunikationsgrenzen: Sie betreffen die Art und Weise, wie Menschen miteinander kommunizieren, und können die Festlegung von Richtlinien für eine respektvolle Kommunikation, das Zuhören, ohne zu urteilen, und das selbstbewusste Äußern von Bedürfnissen und Anliegen beinhalten. Die Umsetzung von Grenzen in die Praxis erfordert Konsequenz, Selbstbewusstsein und Durchsetzungsvermögen. Oft geht es darum, Selbstfürsorge zu üben, zu erkennen, wenn Grenzen verletzt werden und Maßnahmen zu ergreifen, um sie durchzusetzen. Dazu kann es gehören, Grenzen direkt und respektvoll zu kommunizieren, Unterstützung von vertrauenswürdigen Freunden oder Fachleuten zu suchen oder den Kontakt zu Menschen einzuschränken, die wiederholt Grenzen missachten.

> Das Setzen und Durchsetzen von Grenzen in Familienbeziehungen ist wichtig, um das emotionale Wohlbefinden zu erhalten und gesunde Beziehungen zu fördern.

So wie das Malen von Linien im Sand zeigt, wo die Rechte der einen Person enden und die der anderen beginnen, so ist es auch mit der Festlegung von Grenzen im komplizierten Tanz der menschlichen Interaktionen. Respektvolle Beziehungen zu anderen und unsere eigene emotionale Gesundheit hängen von unserer Fähigkeit ab, angemessene Grenzen im Umgang mit Ärger zu setzen und zu respektieren.

Individuelle Grenzen respektieren

Grenzen sind wie eine Mauer, die unsere geistige, emotionale und körperliche Gesundheit schützt. Das Setzen und Vermitteln der eigenen Grenzen kann den Grundstein für akzeptables und inakzeptables Verhalten und Behandlung legen. Wenn wir uns unserer selbst bewusst sind, können wir erkennen, wann jemand unsere Grenzen überschritten hat und entscheiden, was wir dagegen tun.

Vermeiden von Hass und Burnout

Wir laufen Gefahr, von den Anforderungen und Erwartungen anderer überwältigt, verärgert oder erschöpft zu werden, wenn wir uns selbst keine klaren Grenzen setzen. Um Burnout und Unmut zu vermeiden, ist es wichtig, angemessene Grenzen zu setzen, die uns Zeit geben, uns um uns selbst zu kümmern, zu entspannen und unsere Batterien wieder aufzuladen. Indem wir klare Grenzen setzen, können wir unsere Zeit und Energie besser einteilen, um unseren wichtigsten Zielen zu dienen und unseren dringendsten Verpflichtungen nachzukommen.

Ermutige respektvolle Interaktionen

Anstatt Barrieren aufzubauen oder Menschen auszuschließen, ist das Setzen von Grenzen eine Gelegenheit, Beziehungen zu pflegen, die von Verständnis, Empathie und gegenseitigem Respekt geprägt sind. Wir zeigen unseren Mitmenschen, wie sehr wir uns selbst wertschätzen und wie sehr wir erwarten, mit Anstand und Respekt behandelt zu werden, wenn wir unsere Grenzen auf sichere und höfliche Weise ausdrücken.

Indem wir das Gleiche tun, zeigen wir, dass wir die Unabhängigkeit anderer schätzen und die Möglichkeit, selbst zu entscheiden, wie wir unser Leben leben wollen.

Fallstudien und Analysen

Um die Feinheiten der Wutbewältigung in verschiedenen sozialen Kontexten zu verstehen, ist es sehr hilfreich, Beispiele aus dem wirklichen Leben zu betrachten. Wir können viel darüber lernen, wie wir mit vergleichbaren Situationen in unserem eigenen Leben umgehen, wenn wir uns diese Beispiele ansehen und versuchen, die Dynamik zu verstehen, die im Spiel ist. Schauen wir uns als Beispiel einige Fallstudien an und analysieren wir die wichtigsten Punkte:

1. Geschwisterkonflikt

Stell dir Folgendes vor: Sarah und David sind zwei Geschwister im Teenageralter, die sich immer wieder darüber streiten, wer was zu Hause bekommt. Es kommt zu Streitigkeiten und verletzten Gefühlen, als Sarah verbittert ist, weil David nicht seinen gerechten Anteil beiträgt.

Die Analyse zeigt, dass das Versäumnis, klare Grenzen zu setzen und Erwartungen an die Hausarbeit zu kommunizieren, der Grund für diese Situation ist. David merkt vielleicht nicht, wie sein Verhalten seine Schwester Sarah beeinflusst, die frustriert ist, weil sie sich überlastet und unterbewertet fühlt. Sarah und David können klare Grenzen setzen und eine faire Aufgabenteilung ausarbeiten, indem sie sich gegenseitig zuhören und darüber sprechen, was sie erwarten. Das wird ihnen helfen, effektiver zusammenzuarbeiten und Konflikte zu reduzieren.

Wichtige Punkte: Um Meinungsverschiedenheiten zu lösen und die Zusammenarbeit in Geschwisterbeziehungen zu fördern, sind eine effektive Kommunikation, gegenseitiger Respekt und gut gezogene Grenzen unerlässlich. Die stärksten und harmonischsten Beziehungen, die auf Verständnis und Empathie beruhen, können erreicht werden, wenn Geschwister die zugrunde liegenden Schwierigkeiten ansprechen und Kompromisse aushandeln.

2. Die Explosion am Arbeitsplatz

Stell dir Folgendes vor: Eine Teambesprechung wird hässlich, als Mark, der Projektleiter, wütend auf einen Kollegen wird, der seine Führungsentscheidungen in Frage stellt. Die Moral im Team sinkt, da die Kommunikation und Zusammenarbeit aufgrund seines Wutanfalls nachlässt.

Die zerstörerischen Auswirkungen von unkontrollierten Emotionen bei der Arbeit zeigen sich in Marks Wutausbruch. Seine Unfähigkeit, sein Temperament zu kontrollieren, wirkt sich negativ auf seine Karriere und die Moral und Leistung des Teams aus. Es ist möglich, ein angenehmeres und unterstützendes Arbeitsumfeld für Mark zu schaffen, wenn er sich die Zeit nimmt, sich darauf zu konzentrieren, was ihn wütend macht, und andere Wege findet, konstruktiv mit Kritik umzugehen.

Wichtige Punkte: Der Umgang mit schwierigen zwischenmenschlichen Dynamiken am Arbeitsplatz erfordert emotionale Intelligenz, Selbstbewusstsein und die Fähigkeit, Stress effektiv zu bewältigen. Einzelpersonen können auf Meinungsverschiedenheiten am Arbeitsplatz mit Professionalität und Gelassenheit reagieren, indem sie Widerstandsfähigkeit entwickeln und konstruktive Bewältigungsmechanismen einsetzen. Das wiederum fördert das Vertrauen und die Zusammenarbeit im Team.

Fallstudien sind eine hervorragende Möglichkeit, um etwas über das Wutmanagement in Beziehungen zu lernen. Die Fähigkeit einer Person, mit Meinungsverschiedenheiten umzugehen, die Kommunikation zu fördern und gesunde und zufriedenstellende Beziehungen zu pflegen, kann durch das Studium dieser Fälle und das Ziehen wichtiger Lehren verbessert werden.

Wichtigste Schlussfolgerungen

- Wenn es darum geht, Ärger in sozialen Situationen wie Freundschaften und Familie zu bewältigen, ist es wichtig, gut zu kommunizieren. Es ist möglich, zivile und konfliktfreie Beziehungen aufrechtzuerhalten, indem man vernünftige Grenzen setzt.
- Menschen können lernen, ihre Emotionen zu kontrollieren und zu verhindern, dass sich Situationen verschlimmern, wenn sie sich der Warnzeichen bewusst sind.
- Erfolgreiches Verhandeln von zwischenmenschlichen Problemen und Wutmanagement kann durch die Analyse von Fallbeispielen aus der Praxis erlernt werden.

Zusammenfassung der praktischen Maßnahmen

- Um das Verständnis zu fördern und Streitigkeiten zu vermeiden, solltest du dich bemühen, aktiv zuzuhören und dich in andere einzufühlen, wenn du mit ihnen interagierst.
- Bringe deine Wünsche und Erwartungen ehrlich und nachdrücklich zum Ausdruck und setze klare Grenzen.
- Du kannst lernen, deine Emotionen zu kontrollieren, indem du Achtsamkeits- oder Entspannungsmethoden anwendest und lernst, Körperempfindungen oder Stimmungsschwankungen wahrzunehmen, die auf einen bevorstehenden Wutausbruch hindeuten.
- Wenn du darüber nachdenkst, wie du mit ähnlichen Situationen (wie den im Buch besprochenen) im echten Leben umgehen würdest, kann dir das helfen, gesunde Bewältigungsmechanismen zu entwickeln, um mit Meinungsverschiedenheiten umzugehen und eine gute Beziehung aufzubauen.

Die Entwicklung emotionaler Intelligenz ist ein wichtiger Bestandteil der emotionalen Gesundheit und es ist an der Zeit, unsere Diskussion über Wut in Beziehungen fortzusetzen. Um unsere Emotionen besser zu verstehen und zu kontrollieren, werden wir uns im nächsten Kapitel eingehender mit diesem Thema beschäftigen.

Wir werden realistische Wege entdecken, um die emotionale Intelligenz, das Selbstbewusstsein und das Wohlbefinden in Beziehungen zu verbessern.

Begleite uns in Kapitel 5, wenn wir in die faszinierende Welt der emotionalen Intelligenz eintauchen und den Weg zu mehr Widerstandsfähigkeit und emotionaler Zufriedenheit ebnen.

KAPITEL 5

Entwicklung der emotionalen Intelligenz

Die größte Fähigkeit im Geschäftsleben ist es, mit anderen auszukommen und ihr Handeln zu beeinflussen.

– John Hancock

HAST DU DICH jemals gefragt warum manche Menschen die Hindernisse des Lebens mit Leichtigkeit meistern und andere Schwierigkeiten haben, ihre Gefühle zu regulieren? Emotionale Intelligenz hat eine Lösung. Emotionale Intelligenz (EI), auch bekannt als emotionaler Quotient (EQ), bezieht sich auf die Fähigkeit, die eigenen Emotionen zu erkennen, zu verstehen und zu steuern sowie die Emotionen anderer zu erkennen, zu verstehen und zu beeinflussen. Sie umfasst eine Reihe von Fähigkeiten und Kompetenzen, die zu effektiver Kommunikation, Empathie, Selbstbewusstsein und zwischenmenschlichen Beziehungen beitragen."

Hier erklären wir, warum es so wichtig ist, emotionale Intelligenz zu entwickeln

> Die Bedeutung der emotionalen Intelligenz (EI) zu verstehen, ist entscheidend, um die Herausforderungen des Lebens zu meistern und sinnvolle Beziehungen zu pflegen.

und wie sie deine Beziehungen am Arbeitsplatz und zu Hause revolutionieren kann.

In diesem Kapitel geht es um den spannenden Bereich der emotionalen Intelligenz und um praktische Methoden, um sie zu steigern. Im Folgenden findest du eine Liste der Themen:

- Das Konzept des Mitgefühls und den Umgang mit Empathie verstehen
- Antizipationen und Unzufriedenheiten
- Verbesserung des Selbstbewusstseins und der Selbstregulierung
- Abenteuer in interaktivem Geschichtenerzählen und Rollenspielen

Umgang mit Erwartungen und Frustrationen

Die Fähigkeit, sich in die Gefühle und Erfahrungen einer anderen Person einzufühlen, ist eine wichtige Voraussetzung für den Aufbau echter Beziehungen zu ihr. Wenn wir uns in eine andere Person einfühlen, zeigen wir unsere Bereitschaft, ihren Standpunkt zu verstehen, ihre Erfahrungen zu würdigen und ihre Gefühle anzuerkennen. Die Förderung empathischer Gegenseitigkeit, der Aufbau von Vertrauen und die Ermöglichung offener Kommunikation sind entscheidende Aspekte des Wutmanagements, die auf Empathie beruhen.

Förderung der emotionalen Intelligenz

Emotionale Intelligenz ist eine Reihe von Fähigkeiten, die uns helfen, mit schwierigen sozialen Situationen umzugehen,

Körpersprache zu lesen und unsere Emotionen unter Kontrolle zu halten. Eine dieser Fähigkeiten ist Empathie. Eine mitfühlendere, verständnisvollere und einfühlsamere Reaktion auf Ärger ist möglich, wenn wir uns darin üben, mit unseren eigenen Gefühlen und denen anderer in Einklang zu kommen.

Empathie als Mittel zur Konfliktlösung

Empathie ermöglicht es uns, Spannungen abzubauen, Feindseligkeit zu zerstreuen und Versöhnung zu fördern, wenn wir uns in Konfliktsituationen befinden. Die Gefühle und Standpunkte anderer zu verstehen, hilft uns dabei, eine gemeinsame Basis zu finden, Verwirrung zu beseitigen und Konflikte zur Zufriedenheit aller zu lösen. Einfühlungsvermögen hilft uns auch dabei, den Dingen auf den Grund zu gehen, was entscheidend ist, um Beziehungen zu reparieren und Konflikte langfristig zu lösen.

E Die Rolle des Mitgefühls bei der Förderung von Gesundheit und Wohlbefinden

Ein mitfühlender Mensch geht über bloßes Mitgefühl hinaus, um andere zum Handeln zu motivieren und denen zu helfen, die leiden. Anstelle von Vergeltung und Schuldzuweisungen betonen wir Verständnis, Vergebung und Versöhnung, wenn wir mit Wut mit Mitgefühl umgehen. Wir fördern eine Atmosphäre, die Erholung, Entwicklung und Veränderung begünstigt, wenn wir Mitgefühl für andere und uns selbst zeigen.

Förderung von Versöhnung und Frieden

Wenn wir uns in Mitgefühl üben, sind wir in der Lage, unseren Ärger loszulassen, zu vergeben und mit unserem Leben weiterzumachen. Befreie dich von der Last der Bitterkeit und des Grolls, indem du die Menschlichkeit und den Wert der Menschen siehst, die dich verletzt haben. Das wird dir helfen, deine zerbrochenen Beziehungen zu heilen und weiterzuleben.

Emotionale Gesundheit

Mitgefühl hilft den Menschen, sich mehr miteinander und mit ihrer gemeinsamen Menschlichkeit verbunden zu fühlen, was wiederum ihre emotionale Gesundheit und Widerstandsfähigkeit stärkt. Wir alle können unseren Teil zur Heilung unserer Gesellschaft und zur Verbesserung unserer sozialen Bindungen beitragen, indem wir uns in Selbstmitgefühl üben und diese Haltung auf unsere Mitmenschen übertragen.

Wusstest du, dass...?

Acht Prozent der Menschen mit mittelschweren Wutproblemen werden im Laufe ihres Lebens wahrscheinlich größere Komplikationen entwickeln.

Umgang mit Frustrationen

Strategien zur Stressbewältigung

- Verringere den Ärger und verbessere deine psychische Gesundheit, indem du Stressmanagement zu einem regelmäßigen Bestandteil deines Lebens machst. Körperliche Bewegung, allmähliche Muskelentspannung, tiefe Atemtechniken und achtsame Meditation sind Beispiele dafür, was in diese Kategorie fallen kann.

- Ein Tagebuch zu schreiben, ein Kunstwerk zu schaffen oder einem entspannenden Hobby nachzugehen, sind gesunde Wege, um aufgestauten Ärger abzubauen. Anstatt Gefühle zuzulassen und zu verschlimmern, kann es hilfreich sein, sie auf produktive Weise auszudrücken.

Auf der Suche nach Hilfe

- Wenn du mit starker Wut zu kämpfen hast, scheue dich nicht, jemanden um Hilfe zu bitten, dem du vertraust, egal ob es sich dabei um Angehörige oder Experten für psychische Gesundheit handelt. In schwierigen Zeiten hilft es, mit jemandem zu sprechen, dem du vertraust, um eine andere Sichtweise, Bestätigung und Rat zu bekommen.
- Wenn Stress und Frustration die Oberhand gewinnen, ist es vielleicht an der Zeit, sich einer Selbsthilfegruppe anzuschließen oder einen Therapeuten aufzusuchen. Eine qualifizierte Therapeutin oder ein qualifizierter Therapeut kann dir helfen, schwierige Emotionen durch spezielle Taktiken und Bewältigungsstrategien besser zu bewältigen.

Du kannst deine Gesundheit, deine emotionale Intelligenz und deine Widerstandsfähigkeit verbessern, indem du lernst, mit deinen Erwartungen und Frustrationen auf gesunde Weise umzugehen. Frustration ist ein natürliches menschliches Gefühl, aber wie du damit umgehst, entscheidet über die Qualität deiner Erfahrungen und die Ergebnisse, die du erzielst.

Selbstbewusstsein und Selbstbeherrschung entwickeln

Zur Verbesserung des Selbstbewusstseins und der Selbstkontrolle gehört ein vielschichtiger Ansatz, der darauf abzielt, das Selbstbewusstsein zu vertiefen und die Fähigkeit zur Emotionsregulierung zu verbessern.

Hier ist eine Aufschlüsselung der wichtigsten Aspekte, die du beachten solltest:

Achtsamkeitspraktiken

Praktiziere Achtsamkeitsmeditation: Regelmäßige Meditationspraxis kann dir helfen, das Bewusstsein für den gegenwärtigen Moment zu kultivieren, sodass du deine Gedanken, Gefühle und Körperempfindungen ohne Bewertung beobachten kannst.

Übe dich in achtsamer Atmung: Konzentriere dich auf deinen Atem, wie er in deinen Körper ein- und ausströmt, und nutze ihn als Anker, um deine Aufmerksamkeit in den gegenwärtigen Moment zurückzubringen, wenn du dich von Wut überwältigt fühlst.

Integriere Achtsamkeit in alltägliche Aktivitäten: Integriere Achtsamkeit in alltägliche Aufgaben wie Essen, Spazierengehen oder Abwaschen und achte auf die Empfindungen, Gedanken und Gefühle, die dabei auftreten.

Reflexionsübungen

Selbsterforschung: Stelle dir bohrende Fragen, um deine Selbsterkenntnis zu vertiefen, z.B. "Welche Situationen oder Interaktionen lösen meinen Ärger aus" oder "Wie reagiere ich normalerweise, wenn ich wütend bin?

Praktische Strategien

Frühwarnzeichen erkennen: Lerne, körperliche, emotionale und verhaltensbezogene Anzeichen für eskalierenden Ärger zu erkennen, wie z.B. eine erhöhte Herzfrequenz, Körperspannung oder negative Gedankenmuster.

Innehalten und atmen: Wenn du diese Warnzeichen bemerkst, nimm dir einen Moment Zeit, um innezuhalten und mehrere tiefe Atemzüge zu machen. Diese einfache Handlung kann helfen, die automatische Stressreaktion zu unterbrechen und ein kurzes Zeitfenster zu schaffen, in dem du eine konstruktivere Reaktion wählen kannst.

Verwende Entspannungstechniken: Übe Entspannungstechniken wie die progressive Muskelentspannung oder geführte Bilder, um Spannungen abzubauen und ein Gefühl der Ruhe zu vermitteln.

Entwickle Bewältigungsstrategien: Erforsche gesunde Bewältigungsmechanismen, um mit deiner Wut umzugehen, wie z.B. Sport, kreativer Ausdruck oder Gespräche mit einem vertrauenswürdigen Freund oder Therapeuten.

Negative Gedanken neu formulieren: Hinterfrage und formuliere irrationale oder verzerrte Gedanken, die Wut schüren, und ersetze sie durch ausgewogene und realistische Perspektiven.

Setze Grenzen: Setze klare Grenzen in deinen Beziehungen und kommuniziere sie anderen gegenüber selbstbewusst. Grenzen helfen, dein emotionales Wohlbefinden zu schützen und Situationen zu vermeiden, die Ärger auslösen können.

Indem du diese Praktiken und Strategien in dein tägliches Leben integrierst, kannst du schrittweise dein Selbstbewusstsein und deine Selbstbeherrschung verbessern, sodass du deine Wut effektiver bewältigen und eine größere emotionale Intelligenz entwickeln kannst.

Interaktive Geschichten und Rollenspiele

Der Einsatz von interaktiven Geschichten und Rollenspielen kann ein dynamischer und fesselnder Weg sein, um das Verständnis zu vertiefen und Fähigkeiten in Bezug auf emotionale Intelligenz und Wutmanagement zu üben. Im Folgenden wird erklärt, wie du diese Methoden effektiv einsetzen kannst:

Interaktive Geschichten

- Erstelle Erzählungen, in denen Figuren mit Situationen konfrontiert werden, die mit Wut und emotionalen Herausforderungen zu tun haben.

- Baue glaubwürdige Charaktere und realistische Schauplätze ein, die mit den Erfahrungen des Publikums übereinstimmen.
- Stelle verschiedene Ergebnisse und Konsequenzen vor, die sich aus den Entscheidungen und Handlungen der Charaktere ergeben, und zeige auf, welche Auswirkungen die verschiedenen Reaktionen auf Ärger haben.
- Ermutige die Leser/innen oder Teilnehmer/innen, sich aktiv mit der Geschichte auseinanderzusetzen, indem du über die Emotionen, Motivationen und Entscheidungsprozesse der Figuren nachdenkst.
- Führe nach der Geschichte Gruppendiskussionen oder Einzelreflexionen durch, um die wichtigsten Themen, Lektionen und mögliche Strategien für den Umgang mit Wut zu untersuchen.

Szenarien für Rollenspiele

- Entwirf Rollenspielszenarien, die zwischenmenschliche Interaktionen und Konfliktsituationen aus dem echten Leben simulieren.
- Weise den Teilnehmenden Rollen zu und gib ihnen spezifische Anweisungen und Ziele für das Szenario.
- Ermutige die Teilnehmenden, die ihnen zugewiesenen Rollen authentisch zu verkörpern und Gedanken, Gefühle und Verhaltensweisen auszudrücken, die ihrem Charakter entsprechen.
- Erleichtere das Rollenspiel, indem du bei Bedarf Anleitung, Feedback und Aufforderungen gibst, um eine konstruktive Teilnahme und das Lernen zu unterstützen.
- Nach dem Rollenspiel kannst du die Teilnehmer/innen auffordern, über die Dynamik der Interaktion, die Effektivität verschiedener Kommunikationsstile und Strategien zum Umgang mit Ärger in ähnlichen Situationen nachzudenken.

Nutzen und Lernergebnisse

Die Teilnehmer/innen können wertvolle Erkenntnisse gewinnen und aus den interaktiven Geschichten und Rollenspielen lernen, indem sie sich aktiv mit den Inhalten auseinandersetzen und über ihre eigenen Erfahrungen und Verhaltensweisen nachdenken.

Die Teilnehmenden können sich in die Figuren in den Geschichten oder Szenarien hineinversetzen, indem sie ähnliche Emotionen, Situationen oder Herausforderungen erkennen, mit denen sie in ihrem eigenen Leben konfrontiert waren. Indem sie sich in die Erfahrungen der Figuren einfühlen, können sie die Komplexität von Wut und emotionalen Problemen besser verstehen.

In interaktiven Geschichten werden die Figuren oft vor Entscheidungen gestellt und die Konsequenzen dieser Entscheidungen beschrieben. Die Teilnehmenden können über die Folgen der verschiedenen Entscheidungen der Figuren nachdenken und überlegen, wie diese Folgen mit ihren eigenen Entscheidungsprozessen im echten Leben zusammenhängen. Diese Erkundung fördert die Selbstreflexion und das Bewusstsein für die Auswirkungen des eigenen Handelns auf sich selbst und andere.

"Die Beschäftigung mit interaktiven Geschichten und Rollenspielen bietet eine dynamische Möglichkeit, die emotionale Intelligenz zu vertiefen und effektive Fähigkeiten zur Wutbewältigung zu entwickeln. Durch nachvollziehbare Erzählungen und authentische Simulationen können die Teilnehmenden verschiedene Perspektiven erkunden, Entscheidungsfindungen üben und Empathie fördern, was letztendlich das Selbstbewusstsein und die zwischenmenschlichen Beziehungen verbessert."

Fördert Einfühlungsvermögen und Perspektivübernahme: Interaktive Geschichten und Rollenspiele ermöglichen es den Teilnehmenden, sich in die Lage anderer zu versetzen, was das Einfühlungsvermögen und das Verständnis für unterschiedliche Perspektiven fördert.

Fördert das Erfahrungslernen: Durch die aktive Teilnahme an simulierten Szenarien können die Teilnehmer/innen die Anwendung von Fähigkeiten der emotionalen Intelligenz in einer sicheren und unterstützenden Umgebung üben und so das Erfahrungslernen verstärken.

Fördert die Problemlösung und Entscheidungsfindung Die Beschäftigung mit interaktiven Geschichten und Rollenspielen regt die Menschen dazu an, kritisch zu denken, fundierte Entscheidungen zu treffen und die Konsequenzen ihres Handelns zu bedenken. Das verbessert ihre Fähigkeit, mit Herausforderungen im realen Leben effektiv umzugehen.

Erleichtert die Übertragung von Fähigkeiten: Die Teilnehmer/innen können die im interaktiven Geschichtenerzählen und in Rollenspielen erworbenen Fähigkeiten auf ihre alltäglichen Interaktionen und Beziehungen übertragen und so ihre Fähigkeit verbessern, mit Wut umzugehen und selbstbewusst zu kommunizieren.

Der Einsatz von interaktiven Geschichten und Rollenspielen in pädagogischen oder therapeutischen Kontexten bietet eine dynamische Plattform, um komplexe emotionale Themen zu erforschen, wichtige Fähigkeiten zu entwickeln und persönliches Wachstum und Entwicklung zu fördern.

Wichtigste Schlussfolgerungen

- Das Verständnis von Empathie und Mitgefühl ist entscheidend für einen effektiven Umgang mit Wut, da es Menschen ermöglicht, sich mit den Gefühlen und Perspektiven anderer zu verbinden.

- Zum Umgang mit Erwartungen gehört, dass du dir realistische Ziele setzt und lernst, dich auf unvorhergesehene Herausforderungen einzustellen, was die Wahrscheinlichkeit von Frustration und Ärger verringert.
- Die Entwicklung von Selbstbewusstsein und Selbstbeherrschung ermöglicht es Menschen, ihre Emotionen zu erkennen und zu regulieren, was zu konstruktiveren Reaktionen auf Situationen führt, die Ärger auslösen.
- Interaktive Geschichten und Rollenspiele bieten die Möglichkeit, emotionale Intelligenz zu trainieren und effektive Wutbewältigungsstrategien zu erkunden.

Zusammenfassung der praktischen Maßnahmen

- Übe aktives Zuhören und Einfühlungsvermögen, indem du versuchst, die Gefühle und Standpunkte anderer bei Konflikten oder Meinungsverschiedenheiten wirklich zu verstehen.
- Setze realistische Erwartungen an dich selbst und andere, erkenne Grenzen und mögliche Hindernisse und strebe erreichbare Ziele an.
- Kultiviere deine Selbstwahrnehmung durch regelmäßige Reflexion und Achtsamkeitspraktiken wie Tagebuchschreiben oder Meditation, um Auslöser und Muster von Ärger zu erkennen.
- Entwickle Selbstbeherrschung, indem du Entspannungstechniken wie tiefes Atmen oder Visualisierung anwendest, um Körper und Geist in Momenten des Ärgers zu beruhigen.
- Nimm an einer interaktiven Übung zum Geschichtenerzählen oder Rollenspiel teil, um deine emotionale Intelligenz zu verbessern und verschiedene Ansätze für den Umgang mit ärgerlichen Situationen auszuprobieren.

Wenn du diese praktischen Schritte in dein tägliches Leben integrierst, kannst du deine emotionale Intelligenz verbessern und gesündere Reaktionen auf Wut kultivieren, was letztendlich zu harmonischeren Beziehungen und größerem Wohlbefinden führt.

Nachdem wir uns in Kapitel 5 mit dem Aufbau emotionaler Intelligenz beschäftigt haben, ist es an der Zeit, sich in Kapitel 6 mit Bewältigungsmechanismen und -techniken zu befassen. In diesem Kapitel entdecken wir eine Fülle von Strategien, die dir helfen, mit herausfordernden Emotionen, einschließlich Wut, mit Anmut und Widerstandskraft umzugehen. Von Achtsamkeitspraktiken bis hin zu kognitiven Verhaltenstechniken wirst du eine Reihe von Ressourcen entdecken, mit denen du dein emotionales Wohlbefinden steuern kannst. Lass uns gemeinsam auf diese Reise gehen und die Geheimnisse der Bewältigungskunst entdecken.

KAPITEL 6

Bewältigungsmechanismen und -techniken

Zwischen Stimulus und Reaktion gibt es einen Raum. In diesem Raum liegt unsere Macht, unsere Reaktion zu wählen. In unserer Reaktion liegt unser Wachstum und unsere Freiheit.

— Viktor E. Frankl

STELL DIR VOR, du hältst eine Fernbedienung in der Hand, mit der du deine Emotionen nach Belieben anhalten, zurück- oder vorspulen kannst. Was wäre, wenn wir dir sagen würden, dass es im Leben zwar keine Fernbedienung gibt, du aber die Macht hast, deine emotionalen Reaktionen zu kontrollieren? Dieses Kapitel ist dein Leitfaden, um diese Macht freizusetzen.

Auf dieser Reise durch Kapitel 6: Bewältigungsmechanismen und -techniken werden wir drei transformative Fähigkeiten erkunden:

- Suche nach Techniken, die deinen Körper sofort von einem Zustand des Stresses in einen Zustand der Ruhe versetzen können, und entdecke Achtsamkeitsübungen,

> "Dein Verstand mag verwirrt sein, aber deine Gefühle werden dich nie anlügen". - Roger Ebert

die es dir ermöglichen, deine Gefühle zu beobachten, ohne von ihnen mitgerissen zu werden.

- Lerne, deine Gedanken und Gefühle selbstbewusst, aber respektvoll auszudrücken, und verwandle potenzielle Konflikte in Chancen für Verständnis und Verbindung.
- Erlerne Strategien, um zu erkennen, wann die Emotionen überzukochen drohen und wie du durch strategisches Innehalten eine Kaskade von unerwünschten Reaktionen verhindern kannst

Am Ende dieses Kapitels wirst du mit praktischen Werkzeugen ausgestattet sein, mit denen du nicht nur deine Gefühle in den Griff bekommst, sondern auch die Höhen und Tiefen des Lebens mit mehr Leichtigkeit und Zuversicht meistern kannst. Und das könnte kein besserer Ansporn sein.

Übungen zur Atmung und Achtsamkeit

Wenn du von Wut übermannt wirst, fühlt es sich an, als würde ein Sturm in dir toben, nicht wahr? Alles verkrampft sich, dein Herz schlägt schneller und deine Gedanken beginnen zu rasen. Es ist, als wäre man auf einem kleinen Boot inmitten eines Sturms. Aber was wäre, wenn du die Macht hättest, die See zu beruhigen? Genau hier kommen Atemübungen und Achtsamkeit ins Spiel. Lass es uns erklären.

Chill-Out-Atmung

Lass uns zunächst einmal über das tiefe Atmen sprechen. Klingt einfach, nicht wahr? Aber wenn du aufgewühlt bist, ist ein tiefer Atemzug so, als würdest du die Pausentaste bei einer wütenden Filmszene drücken. So machst du es:

Tiefes Atmen: Das ist nicht der übliche Ratschlag "atme tief ein". Es geht darum, so tief zu atmen, dass du das Gefühl hast, dein Bauch würde gleich platzen. Stell dir einen Luftballon vor, der sich in deinem Bauch füllt. Atme langsam durch die Nase ein, halte den Atem eine

Sekunde lang an und lass ihn dann durch den Mund wieder aus, als würdest du die Kerzen auf deiner Geburtstagstorte auspusten. Versuche, 4 bis 6 Atemzüge pro Minute zu machen. Das ist kein Wettrennen, sondern eine Rückkehr in deine Entspannungszone.

4-7-8 Technik: Sie ist wie ein Zauberspruch für deinen Körper. Atme ruhig 4 Sekunden lang durch die Nase ein, halte den Atem 7 Sekunden lang an und atme 8 Sekunden lang durch den Mund aus. Es ist, als würdest du den Reset-Knopf für deine Gefühle drücken.

Achtsamkeit: Deine Geheimwaffe

Nun zum Teil der Achtsamkeit. Achtsamkeit mag etwas weit hergeholt klingen, wie etwas, das nur Menschen tun, die Berge besteigen und stundenlang meditieren. Aber in Wirklichkeit ist sie supereinfach und superstark, vor allem, wenn du kurz davor bist, sie zu verlieren.

Sei im Jetzt: Das nächste Mal, wenn du wütend bist, halte inne und nimm fünf Dinge um dich herum wahr. Das kann das Geräusch eines Ventilators sein, die Farbe des Himmels, das Gefühl deiner Füße auf dem Boden... irgendetwas. Das bringt dich zurück in die Gegenwart und lenkt dich von dem ab, was dich stört

Gefühlsdetektiv: Werde ein Detektiv deiner eigenen Gefühle. Wenn du wütend bist, frage dich: "Was stört mich wirklich? Ist es die Bemerkung, die jemand gemacht hat, oder geht es wirklich darum, dass ich müde oder gestresst bin? Wenn du das herausfindest, kannst du den Schalter für deine Wut ausschalten

Bewusstes Atmen: Kombiniere die ersten beiden Methoden, indem du deine ganze Aufmerksamkeit auf den Atem richtest. Spüre, wie er

> Achtsamkeit ist ein wirksames Gegenmittel gegen Wut und bietet einfache, aber effektive Techniken, wie die Konzentration auf den gegenwärtigen Moment und die Beobachtung des Atems, um Gelassenheit und inneren Frieden wiederzuerlangen.

einströmt und dich mit Ruhe erfüllt und wie er wieder ausströmt und dabei einen Teil des Ärgers mitnimmt. Es ist, als würdest du die Ruhe einatmen und den Sturm ausatmen.

Und da hast du es. Wenn du das nächste Mal am Rande einer Krise stehst, erinnere dich an diese Tricks. Ein tiefer Atemzug, ein bisschen Achtsamkeit und schon hast du es geschafft. Es geht darum, die Kontrolle zurückzugewinnen, wenn deine Emotionen ihr Bestes geben, um sich auszutoben. Probiere es aus und erlebe, wie diese einfachen Maßnahmen einen großen Unterschied machen können.

Wusstest du, dass...?

Es wird geschätzt, dass 30 % der Menschen wegen wutbedingter Probleme professionelle Hilfe suchen.

Durchsetzungsfähige Kommunikation

Also gut, lass uns in die Kunst eintauchen, deine Meinung zu sagen, ohne gleich in die Luft zu gehen oder die Klappe zu halten. Kennst du diese Momente, in denen du so wütend bist, dass du schreien oder die Klappe halten willst? Tatsächlich gibt es einen Mittelweg zwischen diesen beiden Momenten, und der heißt Durchsetzungsvermögen.18 Wir werden sehen, wie du deinen Standpunkt durchsetzen kannst, ohne den Dritten Weltkrieg auszulösen oder zum Fußabtreter zu werden.

Finde deinen Sweet Spot für Durchsetzungsvermögen

Aussagen: Das ist dein goldenes Ticket. Anstatt zu sagen: "Du machst mich so wütend!", sag lieber: "Ich bin wütend, wenn das passiert". Das ist so, als würdest du sagen: "Hey, hier geht es um mich und meine Gefühle, nicht darum, dir die Schuld zu geben". Das nimmt den Druck von der anderen Person und macht es viel einfacher, ein echtes Gespräch zu führen.

Hör zu: Gute Gesprächspartner sind auch gute Zuhörer. Auch wenn du glaubst, dass du weißt, was die andere Person sagen will, solltest du ihr das Wort erteilen. Beim Zuhören geht es nicht nur darum zu warten, bis du an der Reihe bist, sondern wirklich zuzuhören. Manchmal kann allein das Gefühl, dass man zuhört, sehr viel Stress abbauen.

Bewahre die Ruhe: Leichter gesagt als getan, oder? Aber es ist so: Sobald du die Beherrschung verlierst, geht deine Botschaft in der Übersetzung verloren. Wenn es nötig ist, atme tief durch, bevor du das Gespräch beginnst. Wenn du ruhig bleibst, zeigst du, dass du dich unter Kontrolle hast und die andere Person ist eher bereit, dir zuzuhören.

Einigt euch darauf, anderer Meinung zu sein: Manchmal werdet ihr nicht einer Meinung sein, und das ist in Ordnung. Du kannst respektvoll zustimmen, dass du anderer Meinung bist. Das ist so, als würdest du sagen: "Ich verstehe deinen Standpunkt, aber das ist mein Standpunkt". Das kann Beziehungen stärken, weil es auf gegenseitigem Respekt beruht.

Übung macht den Meister: Diese Fertigkeiten können anfangs etwas unbeholfen sein, wie das Anprobieren eines neuen Paars Schuhe. Aber je mehr du übst, desto selbstverständlicher wird es werden. Fang mit den kleinen Dingen an, und nach und nach wirst du ein Profi für die großen Dinge, ohne deine Ruhe oder deine Stimme zu verlieren.

Anwendung in der Praxis

Angenommen, dein Freund weigert sich, in letzter Minute Pläne zu machen und das geht dir auf die Nerven. Anstatt wütend zu werden, könntest du sagen: "Ich bin sehr enttäuscht, wenn wir keine Pläne machen. Es gibt mir das Gefühl, dass dir unsere gemeinsame Zeit nicht wichtig ist". Dann gib ihnen eine Chance, es zu erklären. Vielleicht machen sie gerade etwas durch, von dem du nichts wusstest. Dann könnt ihr gemeinsam nach einer Lösung suchen, z. B. indem ihr Pläne macht, die leichter einzuhalten sind.

Durchsetzungsfähig zu sein ist wie das Erlernen einer neuen Sprache: die Sprache des Respekts für dich und andere. Es geht darum, deinen Standpunkt zu vertreten, ohne die Grenze zu überschreiten. Und was ist das Beste daran? Es ermöglicht dir, tiefere Bindungen zu deinen Mitmenschen aufzubauen, weil du ehrlich und respektvoll mit ihnen umgehst. Probiere es aus. Du wirst überrascht sein, wie viel reibungsloser deine Gespräche verlaufen können.

Auszeit-Strategien für sofortige Entlastung

Hattest du schon einmal das Gefühl, dass deine Gefühle wie ein führerloser Zug sind und du nur mitfährst? In der einen Minute geht es dir gut und in der nächsten brennt dir die Sicherung durch. Dann weißt du, dass du eine Auszeit brauchst, aber nicht die, die du als Kind bekommen hast, sondern eine erwachsene Version, die dir hilft, dich zu beruhigen und gestärkt zurückzukommen. Hier erfährst du, wie du die Pausentaste drücken kannst, bevor deine Gefühle überhand nehmen.

Mach eine Pause mit diesen Tipps

Erkenne die Anzeichen: Der erste Schritt ist, zu erkennen, wann du kurz davor bist, die Beherrschung zu verlieren. Dein Herz kann rasen oder du spürst, wie die Hitze in deinem Nacken aufsteigt. Oder du verspürst den Drang zu schreien oder zu brüllen. Wenn du diese Anzeichen bemerkst, geh einen Schritt zurück.

Sprich es laut aus: Wenn du mit jemandem zusammen bist und merkst, dass du dich aufregst, ist es völlig in Ordnung zu sagen: "Hey, ich brauche eine Minute, um mich abzukühlen. Es geht nicht darum, vor dem Problem wegzulaufen, sondern darum, dass du nichts sagst, was du später bereust.

Finde deine Entspannungszone: Finde heraus, was dich beruhigt: Musik hören, spazieren gehen, zeichnen? Was auch immer es ist, tu es. Wichtig ist, dass du deinem Gehirn eine Pause von dem gönnst, was dich quält.

Stell dir einen Timer: Gib dir eine bestimmte Zeit zum Entspannen. Du kannst mit 10 Minuten beginnen. Versuche, in dieser Zeit nicht daran zu denken, was dich wütend gemacht hat. Das ist so, als würdest du deinen Gefühlen eine Auszeit gönnen, damit du nicht so emotional aufgeladen bist, wenn du zurückkommst.

Atempause: Unterschätze niemals die Kraft der Atmung. Probiere die 4-7-8-Technik aus, über die wir gesprochen haben, oder atme tief ein. Das ist, als würdest du den Reset-Knopf für die natürliche Stressreaktion deines Körpers drücken.

Nachdenken, nicht grübeln: Es ist ein schmaler Grat zwischen dem Nachdenken über das, was passiert ist, und dem Grübeln darüber. Nutze die Auszeit, um darüber nachzudenken, wie du reagieren willst, und nicht, um in deiner Wut zu schwelgen. Es geht darum, eine Lösung zu finden, nicht darum, das Feuer zu schüren.

In die Praxis umsetzen

Angenommen, du bist mitten in einem hitzigen Streit mit einem Freund oder einer Freundin und spürst, wie deine Wut hochkocht. Anstatt sie überkochen zu lassen, sagst du dir: "Ich brauche ein paar Minuten, um mich zu beruhigen". Du gehst raus, machst einen Spaziergang und konzentrierst dich auf deine Atmung. Während du gehst, denkst du darüber nach, warum du so wütend bist und wie du deine Gefühle erklären kannst, ohne zu beschuldigen oder zu schreien.

Wenn du zurückkommst, bist du ruhiger und bereit, ein produktiveres Gespräch zu führen. Damit hast du nicht nur verhindert, dass die Situation eskaliert, sondern auch deinem Freund und dir selbst gezeigt, dass du dich für ein vernünftiges Konfliktmanagement einsetzt.

Denk daran, dass eine Auszeit kein Zeichen von Schwäche ist, sondern eine Strategie der Stärke. Es zeigt, dass du deine Emotionen unter Kontrolle hast und nicht andersherum. Wenn du also das nächste Mal spürst, dass die emotionale Flut ansteigt, ist es in Ordnung, einen Schritt zurückzutreten und sich neu zu sammeln. Dein zukünftiges Ich (und wahrscheinlich alle um dich herum) werden dir dafür danken.

Schritt-für-Schritt-Anleitungen und Übungen

Also gut, dann machen wir es so praktisch wie eine Jeans mit zusätzlichen Taschen. Hier ist ein praktischer Leitfaden für die Techniken, über die wir gerade gesprochen haben, damit du ruhig bleibst und wie ein Profi kommunizierst. Bereit zum Eintauchen? Los geht's.

6.4 Schritt-für-Schritt-Anleitungen und Übungen
Atemübungen und Achtsamkeitspraxis

Übung 1: Atemübung 4-7-8

Schritt 1: Suche dir einen ruhigen Ort. Setze oder lege dich bequem hin.

Schritt 2: Schließe deine Augen und atme normal.

Schritt 3: Atme nun 4 Sekunden lang leise durch die Nase ein.

Schritt 4: Halte deinen Atem für 7 Sekunden an.

Schritt 5: Atme 8 Sekunden lang vollständig durch den Mund aus und mache dabei ein zischendes Geräusch.

Schritt 6: Wiederhole diesen Zyklus viermal.

Warum es funktioniert: Es ist wie ein Schmerzmittel für dein Nervensystem und hilft dir, dich schnell zu beruhigen.

Übung 2: Bewusstes Beobachten

Schritt 1: Wähle einen Gegenstand in deiner Nähe (eine Pflanze, eine Tasse, einen Bleistift).

Schritt 2: Nimm dir ein paar Minuten Zeit, um es zu untersuchen. Sieh dir die Farben, die Texturen und den Lichteinfall an.

Schritt 3: Wenn deine Gedanken abgelenkt sind, richte deine Aufmerksamkeit wieder auf das Objekt.

Warum es funktioniert: Es trainiert dein Gehirn, sich auf die Gegenwart zu konzentrieren und den Lärm deiner Gefühle auszublenden.

Effektive Kommunikationsfähigkeiten

Übung 1: Das "Ich fühle"-Skript

Schritt 1: Denke an eine Situation aus der letzten Zeit, in der du dich missverstanden oder verärgert gefühlt hast.

Schritt 2: Schreibe auf, was passiert ist, und konzentriere dich dabei auf deine Gefühle. Verwende "Ich fühle [Gefühl], wenn [Situation], weil [Grund]".

Schritt 3: Teile dieses Skript mit einem Freund oder einem Familienmitglied oder übe, es dir selbst laut vorzusprechen.

Warum es funktioniert: Es hilft dir, deine Gefühle klar auszudrücken, ohne jemanden zu beschuldigen, und ebnet den Weg für gesündere Gespräche.

Übung 2: Rollenspiel zum aktiven Zuhören

Schritt 1: Triff dich mit einem Freund oder einem Familienmitglied.

Schritt 2: Erzähle abwechselnd eine Geschichte oder sprich 3 Minuten lang über deinen Tag.

Schritt 3: Die Zuhörer/innen sollten sich ganz auf den/die Sprecher/in konzentrieren, nicken und mit relevanten Fragen oder Kommentaren antworten.

Schritt 4: Besprecht nach jeder Runde, wie es sich angefühlt hat, gehört zu werden und zuzuhören.

Warum es funktioniert: Es schärft deine Fähigkeit zuzuhören, ein wichtiger Aspekt effektiver Kommunikation.

Auszeit-Strategien für sofortige Entlastung

Übung 1: Persönliche Pausentaste

Schritt 1: Erstelle eine Liste mit Anzeichen, die zeigen, dass dir heiß wird (geballte Fäuste, schneller Herzschlag).

Schritt 2: Entscheide dich für eine "Pausentaste" (tief durchatmen, bis 10 zählen, nach draußen gehen).

Schritt 3: Wenn du das nächste Mal diese Signale wahrnimmst, drücke die Pausentaste.

Warum es funktioniert: Es gibt dir eine direkte Möglichkeit, die Eskalation von Emotionen zu unterbrechen und dir Raum zu geben, dich zu beruhigen.

Übung 2: Emotionales Tagebuch

Schritt 1: Nimm ein kleines Notizbuch mit.

Schritt 2: Schreibe jedes Mal, wenn du eine Auszeit nimmst, auf, was der Auslöser war, wie du dich gefühlt und wie du reagiert hast.

Schritt 3: Denke einmal pro Woche über diese Einträge nach, um Muster und Fortschritte zu erkennen.

Warum es funktioniert: Es stärkt deine Selbstwahrnehmung und hilft dir, deine Auslöser besser zu verstehen und zu bewältigen.

Alles zusammenbringen

Diese Übungen sind nicht einfach nur Aufgaben, sie sind Werkzeuge in deinem emotionalen Werkzeugkasten. Wie bei jeder anderen Fähigkeit gilt: Je mehr du übst, desto besser wirst du. Mach dir also keinen Stress, wenn du dich anfangs unwohl fühlst. Übe weiter und du wirst bald feststellen, dass du mit Emotionen und Gesprächen viel selbstbewusster und stressfreier umgehen kannst. Fang an zu üben!

Die wichtigsten Schlussfolgerungen des Kapitels

- Atemübungen und Achtsamkeit können Stress drastisch reduzieren und helfen, Ärger zu kontrollieren.
- Zu einer effektiven Kommunikation gehört, dass du deine Gefühle auf eine selbstbewusste, nicht aggressive Art und Weise ausdrückst und "Ich"-Aussagen verwendest.
- Wenn du dir Zeit nimmst, wenn die Emotionen hochkochen, kannst du reagieren, anstatt zu reagieren.

- Wenn du diese Techniken regelmäßig anwendest, kannst du deine emotionale Intelligenz und deine Beziehungen verbessern.

Zusammenfassung der praktischen Maßnahmen

- Übe täglich die 4-7-8-Technik, um deine Stressreaktion zurückzusetzen.
- Verbringe 5 Minuten damit, ein Objekt zu beobachten, um dich mit der Gegenwart zu verbinden.
- Schreibe auf und übe, wie du deine Gefühle ausdrücken kannst, ohne anderen die Schuld zu geben.
- Nimm an einem Rollenspiel teil, um deine Zuhörfähigkeiten zu verbessern.
- Erkenne deine emotionalen Auslöser und entscheide dich für eine Pausenaktion.
- Führe Buch über deine Auslöser und Reaktionen, um dein Selbstbewusstsein zu stärken.

Bist du bereit, dein Spiel der emotionalen Intelligenz zu verbessern? Im nächsten Kapitel tauchen wir in die Welt der Emotionen ein - hast du dich jemals gefragt, warum dich bestimmte Dinge wütend oder glücklich machen? Wir werden die Geheimnisse unserer emotionalen Auslöser lüften, lernen, wie wir persönliche Grenzen setzen können und erforschen, wie das Verständnis für die Emotionen anderer unser Leben bereichern kann.

Verpasse nicht die Gelegenheit, dein emotionales Universum zu beherrschen. Es ist an der Zeit, das Blatt zu wenden und die Schlüssel zu entdecken, mit denen du dich deinen Emotionen stellen und erfolgreich sein kannst.

KAPITEL 7

Wut in positive Energie umwandeln

Für jede Minute, die du wütend bleibst, gibst du sechzig Sekunden Seelenfrieden auf.
— **Ralph Waldo Emerson**

NACHFRAGEN IST SO, als würdest du eine heiße Kohle in die Hand nehmen, um sie auf jemand anderen zu werfen. Das Ergebnis: Du bist derjenige, der verbrannt wird. Diese einfache Weisheit erinnert uns daran, dass Wut zwar eine natürliche Emotion ist, aber uns selbst mehr Schaden zufügen kann als dem Ziel unserer Frustration. Aber was wäre, wenn wir diese intensive Energie in etwas Positives, etwas Lebensveränderndes umwandeln könnten?

In diesem Kapitel begeben wir uns auf eine transformative Reise und verwandeln die feurige Kraft der Wut in ein Leuchtfeuer der Kreativität, der Verbindung und des Wachstums. Wir werden erkunden, wie du deine Wut in kreative und leidenschaftliche Aktivitäten kanalisieren kannst, um nicht nur negative Emotionen abzubauen, sondern auch einen Funken Innovation und Freude in deinem Leben zu

> Wut in positive Energie umzuwandeln bedeutet, sich ihre intensive Kraft zunutze zu machen und sie in Richtung Wachstum und Verwirklichung umzulenken.

entfachen. Wir werden in die lohnende Welt der Freiwilligenarbeit und des gesellschaftlichen Engagements eintauchen und dir zeigen, wie das Helfen deinen Fokus verschieben und dir ein tiefes Gefühl von Sinn und Erfüllung geben kann. Schließlich werden wir uns mit Projekten zur persönlichen Entwicklung befassen und dich dabei anleiten, Ziele zu setzen und zu erreichen, die deinen Ärger bewältigen und zu deinem persönlichen und beruflichen Wachstum beitragen. Mach dich bereit, die Hitze deiner Wut in das Licht einer positiven Veränderung zu verwandeln.

Wusstest du, dass...?

Die stoische Philosophie ist dafür bekannt, dass sie Selbsterkenntnis und Selbstbeherrschung lehrt. Wenn du dich das nächste Mal über die Handlungen eines anderen ärgerst, denke an den großen stoischen Philosophen Marcus Aurelius, der sagte: "Die beste Rache ist, nicht so zu sein wie derjenige, der das Unrecht getan hat.

Wut in Kreativität und Leidenschaft umwandeln

Ist dir schon mal aufgefallen, dass einige der intensivsten und leidenschaftlichsten oder innovativsten künstlerischen Projekte aus tiefen Emotionen heraus entstehen? Das liegt daran, dass Emotionen wie Wut nicht nur ein Hindernis sind, sondern auch ein Treibstoff für Kreativität sein können. Anstatt dich von deiner Wut beherrschen zu lassen, kannst du sie in etwas Erstaunliches umwandeln. So geht's.

Wärme in Rhythmus verwandeln

Künstlerischer Ausdruck: Hast du schon von der "Kunst des Ärgers" gehört? Es ist an der Zeit, etwas zu erschaffen. Schnapp dir eine Leinwand, Farbe, Ton oder sogar deine alte Gitarre und lass deine ganze intensive Energie in die Gestaltung einfließen. Denke nicht daran, es perfekt zu machen, sondern lass es raus. Vielleicht entsteht dabei etwas Rohes, Echtes und Fesselndes.

Es aufschreiben: Wütend? Gut. Dann lass uns schreiben. Beginne ein Tagebuch, schreibe ein Gedicht oder sogar eine Kurzgeschichte. Benutze deine Worte, um ein Bild von deinen Gefühlen zu zeichnen. Es geht nicht nur darum, sich Luft zu machen, sondern darum, diese brennenden Emotionen in Geschichten zu verwandeln, die ankommen und dich verbinden.

Projekte aus Leidenschaft: Hast du eine Sache, die dir am Herzen liegt? Nutze diese Energie, um ein Projekt oder eine Kampagne voranzutreiben. Egal, ob es um Umweltaktivismus, soziale Gerechtigkeit oder etwas anderes geht, das dein Blut in Wallung bringt: Wenn du deine Wut in Taten umsetzt, kann das zu bedeutenden Veränderungen und persönlichem Wachstum führen.

Körperlicher Ausdruck: Manchmal musst du dich einfach bewegen. Tanze, renne, mache Kampfsport - alles, was dich in deinen Körper und aus deinem Kopf bringt. Körperliche Aktivität kann das Adrenalin der Wut in produktive Energie umwandeln, sodass du danach ruhiger und konzentrierter bist.

Der Wechsel: Von Wut zu Kraftstoff

Erkenne das Feuer an: Erkenne zunächst an, dass es in Ordnung ist, wütend zu sein, das ist ganz natürlich. Es zu leugnen, gibt dir nur noch mehr Macht. Erkenne deine Wut an und beschließe, sie als Katalysator für etwas Positives zu nutzen.

Wähle dein Ventil: Experimentiere mit verschiedenen kreativen Möglichkeiten, um diejenige zu finden, die für dich am besten funktioniert. Vielleicht ist es etwas, das du noch nie ausprobiert hast, also sei offen für Neues.

Mache es dir zur Gewohnheit, deine Emotionen durch das Ventil deiner Wahl zu kanalisieren. Regelmäßiges Üben hilft nicht nur bei der Wutbewältigung, sondern verbessert auch deine Fähigkeiten in diesem Bereich, egal ob es sich um Kunst, Schreiben oder Anwaltschaft handelt.

Reflektiere den Prozess: Nachdem du einige Zeit mit deiner kreativen Tätigkeit verbracht hast, tritt einen Schritt zurück und reflektiere. Wie hast du dich dabei gefühlt? Hat es dir geholfen, deinen Ärger aus einer anderen Perspektive zu sehen? Oft bietet der Akt des Schaffens neue Perspektiven auf unsere Gefühle.

Ergebnisse

Wut in Kreativität und Leidenschaft zu kanalisieren, neutralisiert nicht nur eine negative Emotion, sondern verwandelt sie in etwas, das deinem Leben Sinn, Zweck und Schönheit verleihen kann. Es geht darum, etwas, das zerstörerisch erscheint, in eine schöpferische Kraft zu verwandeln. Wenn du also das nächste Mal diese vertraute Welle der Wut spürst, denke daran: In ihr steckt potenzielle Energie, die darauf wartet, auf die schönste und wirkungsvollste Weise freigesetzt zu werden.

Körperliche Aktivität als Ventil für Wut

Kennst du das Gefühl, wenn du so wütend bist, dass du ein Kissen anschreien oder einen Marathon laufen könntest? Es stellt sich heraus, dass die Entscheidung für einen Marathon (oder eine andere körperliche Aktivität) eine der besten Entscheidungen ist, die du für dich treffen kannst. Hier erfährst du, warum Schwitzen eine gute Möglichkeit ist, deine Wut loszuwerden.

Lass uns herausfinden, warum das Ausschwitzen eine wirksame Strategie sein kann, um mit Wut umzugehen.

Der wissenschaftliche Teil

Wenn du wütend bist, befindet sich dein Körper in einem Zustand erhöhter Erregung; dein Herzschlag steigt, deine Muskeln spannen sich an und dein Körper bereitet sich auf eine Aktion vor. Das alles verdanken wir unserem Freund Adrenalin. Zu Zeiten der Höhlenmenschen war dies sehr nützlich für "Kampf oder Flucht". Aber in der heutigen Welt, in der die Ursachen für unsere Wut weniger mit dem Überleben als mit frustrierenden Gruppenprojekten oder Verkehrsstaus zu tun haben, ist es nicht gerade eine sozialverträgliche Reaktion, zuzuschlagen oder wegzulaufen.

Warum körperliche Aktivität gut für die Wutbewältigung ist

Obwohl wir uns über unsere höhlenmenschlichen Vorfahren hinaus entwickelt haben, brauchen wir in unserem täglichen Leben nach wie vor Adrenalin, um optimal zu funktionieren. Es ist jedoch wichtig, dem Energie- und Adrenalinschub, den Wut auslöst, ein Ventil zu bieten. Körperliche Aktivität ist ein wirksames Mittel, um diese Energie in Echtzeit abzubauen und zu verhindern, dass sie in negative Kanäle wie das Zuschlagen von Türen oder eine Schlägerei umgeleitet wird.19 Das ist aber nur einer der Vorteile, die es sich lohnt zu erforschen; es gibt noch mehr:

Dampf ablassen: Körperliche Aktivität verbraucht die überschüssige Energie, die Wut produziert. Nach einem guten Training hast du wahrscheinlich nicht nur Kalorien, sondern auch eine Menge Wut verbrannt.

Hebt deine Stimmung: Hast du schon von Endorphinen gehört? Das sind die Wohlfühlhormone, die beim Sport ausgeschüttet werden. Sie sind die Schmerzmittel der Natur und Stimmungsaufheller, die ein müdes Gesicht auf den Kopf stellen können.

Ablenkung: Die Ausübung einer körperlichen Aktivität kann dich von dem ablenken, was dir gerade durch den Kopf geht. Es ist schwer, über einen Streit nachzudenken, wenn du dich darauf konzentrierst, eine Yogapose einzunehmen oder deine persönliche Bestleistung im Schwimmbad zu übertreffen.

Perspektivwechsel: Nach dem Sport wirst du vielleicht feststellen, dass du die Situation mit anderen Augen siehst. Vielleicht liegt es an den Endorphinen oder an der körperlichen Distanz zum Problem, aber nach dem Sport scheinen die Dinge oft besser zu bewältigen.

Wie man Wut körperlich bekämpft

Mannschaftssport: Du kannst nicht nur deine Wut im Spiel abreagieren, sondern der soziale Aspekt kann auch deine Stimmung verbessern.

Laufen oder Radfahren: Diese Sportarten sind ideal, um den Kopf frei zu bekommen und sich körperlich von Stressfaktoren zu distanzieren.

Yoga: Kombiniert körperliche Aktivität mit Achtsamkeit und hilft dir, Körper und Geist zu beruhigen.

Boxen: Wenn du wütend bist, kann es unglaublich befriedigend sein, auf einen Sandsack zu schlagen, denn so kannst du deine feurige Energie direkt loswerden.

Wenn du das nächste Mal das Gefühl hast, dass du ausrastest, zieh deine Hausschuhe an oder hol deine Yogamatte raus. Damit tust du nicht nur deinem Körper etwas Gutes, sondern unternimmst auch einen proaktiven Schritt, um deine Wut auf gesunde Weise zu bewältigen. Warum also nicht diese Wut in positive Energie umwandeln? Dein Geist (und vielleicht auch dein Boxsack) werden es dir danken.

Freiwilligenarbeit und kommunales Engagement

Stell dir vor, du verwandelst die Hitze deines Ärgers in ein warmes Licht, das das Leben eines anderen Menschen erhellt. Klingt fantastisch, nicht wahr? Genau das ist es, was Freiwilligenarbeit und gesellschaftliches Engagement bewirken können. Hier erfährst du, warum es für dich und deine Gemeinschaft am besten ist, wenn du deine Wut durch freundliche Taten und gemeinnützige Arbeit kanalisierst.

Wut kann uns helfen, die Welt gerechter zu machen. Wenn Menschen wütend über die ungerechte Behandlung sind, die sie aufgrund ihrer Rasse erfahren, kann dieses Gefühl sie dazu bringen, etwas Gutes zu tun. Es gibt eine besondere Art von Wut, die im Kampf gegen Rassismus sehr wichtig ist. Es geht nicht darum, gemein zu sein oder sich an jemandem zu rächen, sondern darum, etwas zu verändern, damit alle gerecht behandelt werden.

> Freiwilligenarbeit und gesellschaftliches Engagement bieten Möglichkeiten, Frustration in wirkungsvolle Aktionen umzuwandeln.

Diese nützliche Wut konzentriert sich darauf, Rassismus zu beenden und sicherzustellen, dass alle die gleichen Chancen und Rechte haben. Sie bringt die Menschen dazu, miteinander zu reden und zusammenzuarbeiten, um die Missstände zu beseitigen und ungerechte Normen und Verhaltensweisen zu beenden.

Wenn Menschen Rassismus sehen oder damit konfrontiert werden, werden sie manchmal so wütend, dass sie etwas unternehmen wollen. Das gilt vor allem für Menschen, die in vielen Bereichen ihres Lebens mit Ungerechtigkeit konfrontiert sind, wie farbige Menschen, Frauen oder Menschen, die nicht viel Geld haben

Aktionen wie Proteste oder das Erheben der Stimme in der Schule oder am Arbeitsplatz sind Möglichkeiten, Wut auf positive Weise zu nutzen. Sie versuchen, alle auf das Problem aufmerksam zu machen und gemeinsam daran zu arbeiten, es zu lösen.

Menschen, die andere im Kampf gegen Rassismus unterstützen wollen, müssen denjenigen zuhören und ihnen helfen, ihre Stimme zu erheben, die ungerecht behandelt werden. Es bringt nichts, wenn sie versuchen, alles auf ihre eigene Wut zu schieben. Sie müssen ihre Wut nutzen, um etwas zu verändern, und nicht nur, um im Internet damit anzugeben.

Wenn wir unsere Wut verstehen und richtig einsetzen, können wir alle dazu beitragen, die Dinge zu verbessern. Das bedeutet, nicht nur wütend zu werden, sondern etwas dagegen zu tun, z. B. an Protesten teilzunehmen oder anderen zu helfen, zu verstehen, warum Rassismus ein großes Problem ist, das gelöst werden muss.

Die Macht der Solidarität

Wenn du vor Frust oder Wut kochst, kann es widersprüchlich erscheinen, sich darauf zu konzentrieren, anderen zu helfen. Aber das ist das Schöne daran: Wenn wir etwas zurückgeben, können wir unsere Probleme relativieren, unsere Wut abbauen und sie durch etwas viel Befriedigenderes ersetzen. Freiwilligenarbeit ist in vielerlei Hinsicht ein Ventil für Wut.

Verlagere deinen Fokus: Lenke deine Gedanken von dem ab, was dich beunruhigt, und lenke deine Energie in etwas Positives und Produktives um.

Sie schafft Verbindungen: Wut kann dazu führen, dass wir uns isoliert oder missverstanden fühlen. Freiwilligenarbeit verbindet uns mit anderen, erinnert uns an die gemeinsame menschliche Erfahrung und an die Freundlichkeit von Fremden.

Steigert das Selbstwertgefühl: Wenn du weißt, dass du im Leben eines Menschen etwas bewirkt hast, hebt das sofort deine Stimmung. Es ist schwer, wütend zu sein, wenn du ein Gefühl von Zielstrebigkeit und Leistung hast.

Lehrt Dankbarkeit: Der Umgang mit Menschen, die weniger Glück haben oder mit ihren eigenen Problemen zu kämpfen haben, kann das Gefühl der Dankbarkeit für das, was wir haben, fördern und Gefühle von Wut und Groll abschwächen.

Wie man anfängt

Finde deine Sache: Was liegt dir am Herzen: Tiere, die Umwelt, die Obdachlosenhilfe? Es gibt für alles einen Grund.

Fang klein an: Du musst dich nicht gleich voll engagieren. Suche nach einmaligen Gelegenheiten, wie z.B. einem Aufräumtag in der Gemeinde oder der Mithilfe bei einer lokalen Veranstaltung.

Bring einen Freund mit: Fühlst du dich nervös oder unsicher? Nimm einen Freund oder eine Freundin mit. Es macht mehr Spaß und ist weniger beängstigend, wenn du nicht allein bist.

Reflektiere: Nimm dir nach der Freiwilligenarbeit einen Moment Zeit, um über die Erfahrung nachzudenken. Wie hast du dich dabei gefühlt? Hast du eine Veränderung deiner Stimmung oder deiner Einstellung bemerkt?

Wenn sich das nächste Mal Wut in dir aufstaut, solltest du dir überlegen, ob du nicht aus deinem mentalen Raum heraustrittst und eine Aufgabe übernimmst, bei der du etwas bewirken kannst. Ob du Kindern Nachhilfe gibst, mit Hunden aus dem Tierheim Gassi gehst oder Bäume pflanzt - dein Handeln kann Licht in dunkle Ecken bringen, sowohl in deiner Gemeinde als auch in dir selbst.

Indem du dich ehrenamtlich engagierst, baust du nicht nur deine eigene Wut ab, sondern verbreitest auch Positivität - und davon könnten wir in der heutigen Welt alle ein bisschen mehr gebrauchen. Warum also nicht deine feurige Energie in eine Kraft für das Gute verwandeln? Dein Herz, dein Kopf und sogar einige neue Freunde werden es dir danken.

Projekte zur persönlichen Entwicklung

Hast du jemals darüber nachgedacht, deine Wut in etwas zu kanalisieren, das nur für dich bestimmt ist? Etwas, das dir hilft, dich zu beruhigen und das dich mit einer neuen Eine Fähigkeit, ein Erfolgserlebnis oder sogar ein besseres Verständnis dafür, wer du bist? Bei persönlichen Entwicklungsprojekten geht es darum, den

> Projekte zur persönlichen Entwicklung bieten ein Ventil, um Ärger in Selbstverbesserung und Wachstum umzuwandeln.

inneren Aufruhr in ein Sprungbrett für Wachstum zu verwandeln. Lass uns herausfinden, wie du deine Wut für dich und nicht gegen dich arbeiten lassen kannst.

Wut in Ehrgeiz verwandeln

Wut, obwohl sie oft als negativ angesehen wird, kann ein starker Motivator sein. Sie signalisiert, dass etwas nicht stimmt, und drängt uns, uns zu verändern. Wenn du dich auf persönliche Entwicklungsprojekte konzentrierst, verwandelst du diese unruhige Energie in etwas Produktives, etwas, das aufbaut, statt zu zerstören.

Projektideen für den Anfang

Lerne etwas Neues: Wolltest du schon immer mal Gitarre spielen, programmieren, eine andere Sprache sprechen oder die Kunst des Kochens beherrschen? Hier ist deine Chance. Entscheide dich für etwas, das dich begeistert, das dich beschäftigt und das ein befriedigendes Ventil für deine Energie ist.

Körperliche Ziele: Sich körperliche Ziele zu setzen, kann unglaublich lohnend sein. Egal, ob es darum geht, einen 5 km-Lauf zu absolvieren, eine Yogapose zu meistern oder einfach täglich spazieren zu gehen - körperliche Aktivität ist ein bewährtes Mittel, um Ärger und Stress abzubauen.

Kreative Ausdrucksformen: Kanalisiere deine Gefühle durch Kunst. Malen, Schreiben, Tanzen oder jede andere Form des kreativen Ausdrucks kann therapeutisch sein, da es hilft, Gefühle zu verarbeiten und auf konstruktive Weise auszudrücken.

Achtsamkeit und Meditation: Achtsamkeit oder Meditation zu praktizieren, kann ein entscheidender Faktor bei der Wutbewältigung sein. Beginne mit ein paar Minuten pro Tag und probiere verschiedene Techniken aus, um diejenige zu finden, die für dich am besten funktioniert.

Freiwilligenarbeitsprojekt: Erstelle ein persönliches Freiwilligenarbeitsprojekt. Finde einen Bedarf in deiner Gemeinde und entwickle einen Plan, um ihn zu decken. Das kann alles sein, vom Anlegen eines Gemeinschaftsgartens bis hin zum Organisieren einer lokalen Säuberungsaktion.

Den Kurs beibehalten

Setze dir klare Ziele: Definiere, was Erfolg für dein Projekt bedeutet. Klare und erreichbare Ziele zu haben, hilft dir, motiviert zu bleiben.

Halte deine Fortschritte fest: Führe ein Tagebuch oder Protokoll über deine Fortschritte. Wenn du siehst, wie weit du gekommen bist, kann das eine große Ermutigung an Tagen sein, an denen die Motivation gering ist.

Zelebriere Meilensteine: Setze dir Meilensteine in deinem Projekt und feiere sie, wenn du sie erreicht hast. Das hält dich motiviert und hilft dir, positive Gefühle mit deinen Bemühungen zu verbinden.

Reflektiere die Reise: Nimm dir regelmäßig Zeit, um über die Auswirkungen des Projekts auf dein Wutmanagement nachzudenken. Fällt es dir leichter, deine Wut zu kontrollieren? Fühlst du dich erfüllter?

Vom Ärger zum Erfolg

Projekte zur persönlichen Entwicklung bieten eine einzigartige Möglichkeit, die Energie deines Ärgers zu nutzen und sie in etwas Positives umzuwandeln. Es geht nicht nur um Ablenkung, sondern um Veränderung. Indem du dich mit persönlicher Entwicklung beschäftigst, kontrollierst du nicht nur deine Wut, sondern baust auch ein reicheres, erfüllteres Leben auf. Welches Projekt wirst du heute beginnen?

Wichtigste Schlussfolgerungen

- Wut kann ein starker Katalysator für Kreativität und Leidenschaft sein und dich dazu bringen, deine Interessen und Talente zu erforschen und zu vertiefen.
- Körperliche Aktivität ist ein sehr effektives Ventil, um Wut loszulassen und zu kontrollieren, was sowohl die geistige als auch die körperliche Gesundheit verbessert.
- Freiwilligenarbeit und gesellschaftliches Engagement helfen nicht nur dabei, Wut positiv zu kanalisieren, sondern auch dabei, sich mit anderen zu verbinden und ein Gefühl der Erfüllung zu finden.
- Persönliche Entwicklungsprojekte bieten eine konstruktive Möglichkeit, Wut zu nutzen, um zu wachsen, zu lernen und sich zu verbessern.

Zusammenfassung der praktischen Maßnahmen

- Suche dir eine Aktivität oder ein Hobby, das dich begeistert, und nimm dir jede Woche Zeit dafür.
- Setze dir ein Fitnessziel, sei es ein täglicher Spaziergang, der Beitritt zu einer Sportmannschaft oder Yoga, und verfolge deine Fortschritte.
- Finde eine lokale Organisation oder Sache, die dich interessiert, und verpflichte dich, eine bestimmte Anzahl von Stunden pro Monat ehrenamtlich zu arbeiten.
- Wähle eine Fähigkeit oder einen Bereich der persönlichen Entwicklung, setze dir konkrete Ziele und erstelle einen Zeitplan, um sie zu erreichen.

Wenn du dieses Kapitel über die Umwandlung von Wut in positive Energie abschließt, hast du dir mächtige Werkzeuge an die Hand gegeben, um Gefühle von Frustration und Wut in Kräfte für das Gute zu verwandeln. Aber unsere Reise ist hier noch nicht zu Ende.

Im nächsten Kapitel erkunden wir einen der schwierigsten, aber lohnendsten Aspekte des persönlichen Wachstums. Lerne, wie du dich von der Last des Grolls und der Bitterkeit befreien kannst, die dich zurückhalten können, und entdecke, wie Vergebung neue Wege zu Frieden und Glück eröffnen kann.

KAPITEL 8

Gestión de la ira en la era digital

Technologie ist ein nützlicher Diener, aber ein gefährlicher Meister.

– Christian Lous Lange

N EINER ZEIT, in der unser Leben mit digitalen Geräten verflochten ist, sind das Surfen in den sozialen Medien und der Kampf gegen die Flut von Posteingängen so selbstverständlich geworden wie das Zähneputzen. Aber was passiert mit unseren Gefühlen, insbesondere mit unserer Wut, in dieser ständig vernetzten Welt? Dieses Kapitel befasst sich mit den digitalen Wurzeln der modernen Wut und bietet Einblicke und Lösungen, um die turbulenten Gewässer der Online-Interaktionen zu navigieren, ohne unser emotionales Wohlbefinden zu zerstören.

Wir packen das Dilemma des digitalen Zeitalters aus, von den Auswirkungen digitaler Medien auf unsere Wut bis hin zur Schaffung gesunder digitaler Gewohnheiten, der Nutzung von Technologie für die Wutbewältigung und sogar digitalen Entgiftungsherausforderungen. Es ist an der Zeit, im Informationszeitalter wieder zur Ruhe zu kommen.

> Mit der zunehmenden Abhängigkeit von der Technologie wächst auch das Potenzial digitaler Plattformen, Emotionen zu verstärken, einschließlich Wut.

Der Einfluss der digitalen Medien auf die Wut

Sich in der digitalen Landschaft zurechtzufinden, kann wie eine Achterbahnfahrt sein, bei der die Emotionen hochkochen. In der einen Minute lachst du noch über ein süßes Katzenvideo und in der nächsten bist du wütend über einen Kommentar in den sozialen Medien. Das geht nicht nur dir so, das ist ein weit verbreitetes Phänomen. Schauen wir uns an, wie der digitale Medienkonsum unsere Wut schürt und warum es scheint, dass unsere Emotionen oft nur einen Klick vom Überkochen entfernt sind.

> Der Konsum von digitalen Medien kann schnell emotionale Reaktionen auslösen

Algorithmische Verstärkung von Wut

Digitale Plattformen, insbesondere soziale Medien, sind darauf ausgelegt, unsere Aufmerksamkeit zu erregen und zu halten. Sie nutzen Algorithmen, die Inhalte bevorzugen, die starke Reaktionen hervorrufen - oft Wut und Empörung - denn, seien wir ehrlich, starke Emotionen halten uns in Bewegung. Die ständige Konfrontation mit provokanten Inhalten kann dazu führen, dass wir standardmäßig "gereizt" sind.

Die Wirkung von Echokammern

Online-Räume werden oft zu Echokammern, in denen wir von Stimmen umgeben sind, die unsere eigenen Gedanken und Überzeugungen wiederholen. Das kann zwar beruhigend sein, aber es bedeutet auch, dass wir weniger mit anderen Ansichten konfrontiert werden, was uns anfälliger dafür macht, wütend oder defensiv zu werden, wenn wir mit gegenteiligen Ansichten konfrontiert werden. Es ist, als ob wir uns ständig in einem Raum befinden, in dem alle der Meinung sind, dass wir Recht haben, bis jemand im Unrecht ist. Weil du es nicht gewohnt bist, dass jemand eine andere Meinung vertritt, siehst du ihn als Bedrohung für deine Überzeugungen und wirst defensiv. Und genau da beginnt deine digitale Wut.

Entmenschlichung und Anonymität

Bei digitalen Interaktionen fehlen die Nuancen der Kommunikation von Angesicht zu Angesicht: Es gibt keine Körpersprache, keinen Tonfall und keine unmittelbare Reaktion. Das kann zu einer Entmenschlichung führen, da die Menschen vergessen, dass sich hinter dem Bildschirm ein echter Mensch befindet. Außerdem kann die Anonymität des Internets Menschen dazu verleiten, Dinge zu sagen, die sie im persönlichen Gespräch nie sagen würden, was oft zu Konflikten und Ärger führt.

Ständige Konnektivität und Überlastung

Da wir ständig vernetzt sind, werden wir ständig mit Informationen bombardiert, von denen viele negativ sind. Nachrichten über globale Katastrophen, politische Konflikte oder sogar lokale Probleme können uns überwältigen und zu einem Zustand ständiger Wut oder Angst führen. Es ist, als ob unsere emotionalen Systeme ständig überlastet sind und wir keine Zeit haben, sie zu verarbeiten oder uns zu erholen. Während der COVID-19-Pandemie wurde in einer Studie, die im International Journal of Public Health veröffentlicht wurde, die Kommunikationsüberlastung als Prädiktor für depressive Symptome identifiziert. Dies deutet darauf hin, dass eine verstärkte Nutzung sozialer Medien mit vermehrten negativen Emotionen einhergeht, die zu überwältigenden Gefühlen führen können.

Den Kreislauf durchbrechen

Die Auswirkungen der digitalen Medien auf unsere Emotionen zu verstehen, ist der erste Schritt, um unsere digitale Ernährung so zu gestalten, dass sie uns dient, anstatt uns aufzuregen. Es geht darum, sich bewusst zu machen, wie unsere Online-Gewohnheiten unsere

Emotionen beeinflussen, und aktiv etwas gegen die negativen Einflüsse zu unternehmen.

Das digitale Zeitalter hat die Art und Weise, wie wir Wut erleben und ausdrücken, verändert. Indem wir die Muster unserer Reaktionen auf den digitalen Medienkonsum erkennen, können wir unsere Emotionen beeinflussen und beginnen, die Kontrolle zurückzugewinnen, indem wir entscheiden, wie wir uns mit der digitalen Welt beschäftigen, um unser emotionales Wohlbefinden zu fördern.

Gesunde digitale Gewohnheiten zum Abbau von Frustration

In den Weiten der digitalen Welt ist es leicht, in Muster zu verfallen, die unseren Stresspegel erhöhen, ohne dass wir uns dessen bewusst sind. Aber mit ein paar Anpassungen und achtsamen Praktiken können wir uns im Online-Raum so bewegen, dass unser Seelenfrieden intakt bleibt. Schauen wir uns einige gesunde digitale Gewohnheiten an, die uns helfen können, Frustration zu reduzieren und unsere digitalen Interaktionen positiver zu gestalten.

Sorge dafür, dass dein Feed positiv ist

Überprüfe deine sozialen Netzwerke: Wirf einen Blick auf deine sozialen Netzwerke. Erheitern dich bestimmte Accounts oder Seiten, oder lassen sie dich erschöpft oder genervt zurück? Es ist an der Zeit, den "Unfollow"-Button unerbittlich zu betätigen. Priorisiere Inhalte, die dich ermutigen, dich weiterbilden oder dich wirklich glücklich machen.

Verschiedenen Stimmen folgen: Auch wenn es bequem ist, in unseren Echokammern zu bleiben, kann das bewusste Verfolgen von Erzählungen mit anderen Perspektiven unser Verständnis erweitern und Frustrationen abbauen, die durch Missverständnisse oder Angst vor dem "Anderen" entstehen.

125

Festlegen von Grenzen und Abgrenzungen

Begrenzung der Bildschirmzeit: Die meisten Geräte bieten heute Tools zur Überwachung und Begrenzung der Bildschirmzeit. Tägliche Begrenzungen für bestimmte Apps oder für die gesamte Bildschirmzeit können das Phänomen des unendlichen Scrollens verhindern und deinem Gehirn eine dringend benötigte Pause verschaffen.

Technologiefreie Zeiten: Richte dir technologiefreie Zonen oder Zeiten ein, z. B. während der Mahlzeiten oder eine Stunde vor dem Schlafengehen, um abzuschalten und dich mit der Welt um dich herum zu beschäftigen. Das kann deine Stimmung und die Qualität deines Schlafs verbessern und die Gereiztheit verringern.

Sich bewusst dafür engagieren

Denk nach, bevor du klickst: Bevor du dich in den Kommentarbereich stürzt oder Inhalte teilst, nimm dir einen Moment Zeit, um über die Auswirkungen nachzudenken. Trägt es positiv bei? Könnte es falsch interpretiert werden? Manchmal ist es das Beste, nichts zu tun.

Mach eine Pause, bevor du antwortest: Wenn dich etwas online stört, gib dir Zeit, dich zu beruhigen, bevor du antwortest. Diese Pause kann den Unterschied zwischen einem hitzigen Austausch und einem konstruktiven Gespräch ausmachen.

Digitale Tools für das Wohlbefinden

Nutze Apps zu deinem Vorteil: Es gibt unzählige Apps, die Entspannung, Achtsamkeit und positive Gewohnheiten fördern. Ob Meditations-Apps wie Headspace oder Calm, Gewohnheits-Tracker oder Stimmungstagebücher - Technologie kann ein mächtiger Verbündeter sein, wenn es um deine psychische Gesundheit geht.

Regelmäßige digitale Entgiftungen

Plane digitale Entlastungstage ein: Nimm dir regelmäßig einen ganzen Tag oder sogar ein Wochenende ohne digitale Geräte. Nutze diese Zeit, um dich wieder mit Offline-Aktivitäten zu beschäftigen, die dir Spaß machen, sei es in der Natur, beim Lesen oder bei Hobbys, die nichts mit dem Bildschirm zu tun haben.

Gehe bewusst mit deinem digitalen Konsum um: Anstatt gedankenlos alles zu konsumieren, was dir über den Weg läuft, sei wählerisch bei den Inhalten, die du konsumierst. Ziehe Qualität der Quantität vor und bevorzuge Inhalte, die einen Mehrwert für dein Leben bieten.

Denk über deine digitalen Gewohnheiten nach

Führe ein Tagebuch über deine Erfahrungen: Schreibe auf, wie sich bestimmte digitale Gewohnheiten auf deine Stimmung und dein Stressniveau auswirken. Wenn du darüber nachdenkst, kannst du Muster erkennen und fundiertere Entscheidungen über deinen digitalen Konsum treffen.

Bei der Entwicklung gesunder digitaler Gewohnheiten geht es nicht darum, die Technologie zu verteufeln, sondern eine Beziehung zu unseren digitalen Geräten und Plattformen zu pflegen, die uns dient und nicht auslaugt. Wenn wir diese Strategien anwenden, können wir die Vorteile des digitalen Zeitalters genießen, ohne dass wir uns von der Technik vereinnahmen lassen.

Wusstest du, dass...?

Oft werden wir einfach wütend, weil wir Hunger haben. Der Hunger, der Wut auslöst, ist mit einem Absinken des Blutzuckerspiegels und der Ausschüttung von Stresshormonen verbunden, die von evolutionären Reaktionen angetrieben werden, die die

Suche nach Nahrung in den Vordergrund stellen. Dies kann die emotionale Regulierung beeinträchtigen und die Reizbarkeit verstärken, was sich auf die Stimmung und das Verhalten auswirkt.

Technologie zur Wutbewältigung

In einer Zeit, in der der Technologie oft der Vorwurf gemacht wird, Stress und Wut zu verschlimmern, ist es erfrischend, den Spieß umzudrehen und zu erforschen, wie dieselbe Technologie ein starker Verbündeter bei der Bewältigung dieser Emotionen sein kann. Sehen wir uns an, wie wir die Technologie nutzen können, um unsere Wut zu kontrollieren und einen kühlen Kopf zu bewahren.

Apps und Online-Plattformen zur Wutbewältigung

Meditations- und Achtsamkeits-Apps: Tools wie Headspace, Calm und Insight Timer bieten geführte Meditationen, die speziell für den Umgang mit Wut entwickelt wurden. Mit diesen Apps kannst du Achtsamkeitstechniken erlernen, um präsent zu bleiben und die Intensität deiner Gefühle zu reduzieren.

Apps zur Stimmungsaufzeichnung: Apps wie Daylio, Moodpath oder Sanvello ermöglichen es dir, deine Stimmungen und Aktivitäten zu verfolgen, und helfen dir, Auslöser zu erkennen, die zu Ärger führen. Wenn du die Muster deiner emotionalen Reaktionen verstehst, kannst du besser mit Situationen umgehen, die dich auslösen können.

Apps zur kognitiven Verhaltenstherapie (CBT): Plattformen wie MoodKit und Woebot nutzen CBT-Prinzipien, um dich dabei zu unterstützen, negative Denkmuster, die zu Wut führen, zu hinterfragen und zu verändern. Sie bieten praktische Übungen und Bewältigungsstrategien, die du in Alltagssituationen anwenden kannst.

Virtuelle Realität (VR) zur Emotionsregulierung: Die aufkommende VR-Technologie wird genutzt, um immersive Umgebungen zu schaffen, in denen Menschen Entspannungstechniken in einer kontrollierten Umgebung üben und lernen können, ihre Reaktionen zu steuern. Dieser Ansatz bietet einen sicheren Raum, in dem neue Fähigkeiten ohne Konsequenzen in der realen Welt geübt werden können.

Online-Lernressourcen

Kurse zum Wutmanagement: Websites wie Coursera, Udemy und Khan Academy bieten Kurse und Workshops zum Thema Wutmanagement, emotionale Intelligenz und Kommunikationsfähigkeiten an. Diese Plattformen bieten Zugang zu Expertenwissen, das dir helfen kann, deine Wut besser zu verstehen und zu bewältigen.

Podcasts und YouTube-Kanäle: Es gibt eine Fülle von kostenlosen Inhalten, die über emotionales Wohlbefinden und Wutbewältigung aufklären. Das Zuhören von Experten und die Erfahrungen anderer können neue Perspektiven und Bewältigungsstrategien bieten. Hüte dich jedoch vor falschen Gurus oder Menschen, die Geld erpressen und ein Leben der Gelassenheit versprechen.

Die sozialen Medien positiv nutzen

Folge Befürwortern der psychischen Gesundheit: Soziale Medien können, wenn sie sorgfältig genutzt werden, eine Quelle der Unterstützung und Inspiration sein. Wenn du Psychologen, Therapeuten und Anwälten für psychische Gesundheit folgst, bekommst du täglich Tipps und Hinweise, wie du mit Ärger und Stress umgehen kannst.

Schließe dich unterstützenden Gemeinschaften an: Online-Foren und Gruppen in sozialen Medien können ein Gefühl von Gemeinschaft und Verständnis vermitteln. Der Austausch von Erfahrungen und Bewältigungsstrategien mit anderen, die mit ähnlichen Problemen konfrontiert sind, kann unglaublich bestärkend und hilfreich sein.

Digitaler Entzug für emotionales Gleichgewicht

Digitale Entgiftungs-Apps: Ironischerweise gibt es Apps, die dir helfen, weniger Zeit mit deinem Handy oder dem Internet zu verbringen. Tools wie Forest, Freedom und Offtime helfen dir, deine Bildschirmzeit einzuschränken, damit du Pausen von der digitalen Welt einlegen kannst, um Stress und potenzielle Ärgerauslöser zu reduzieren.

Wenn wir die Technologie für unser Wutmanagement nutzen wollen, müssen wir bewusst mit den digitalen Werkzeugen umgehen. Indem wir Apps und Ressourcen auswählen, die unser emotionales Wohlbefinden unterstützen, können wir unsere Beziehung zur Technologie in eine Beziehung verwandeln, die uns ein ausgeglicheneres und friedlicheres Leben ermöglicht.

Digitale Entgiftungspläne

In einer Welt, in der unser Leben zunehmend mit digitalen Geräten verflochten ist, ist die Idee einer digitalen Entgiftung immer attraktiver und notwendiger geworden. Der Verzicht auf digitale Reize kann technologiebedingten Stress und Ärger deutlich reduzieren und unserem Gehirn eine dringend benötigte Pause verschaffen. Hier erfährst du, wie du dich auf eine digitale Entgiftungsreise begibst, mit Plänen und Herausforderungen, die dir helfen, deine digitalen Gewohnheiten zu ändern und dein emotionales Gleichgewicht wiederzufinden.

Digitaler Detox-Plan

Dauer: Ein Wochenende (Samstag und Sonntag)
Regeln:
Keine sozialen Medien: Trenne dich von allen Konten in den sozialen Medien. Wenn nötig, lösche Apps vorübergehend, um der Versuchung zu entgehen.
Begrenze die Bildschirmzeit: Verwende dein Gerät nur für wichtige Aufgaben wie Anrufe, Textnachrichten und notwendige Anwendungen (z. B. Navigation oder Musik).
Keine digitale Unterhaltung: Tausche digitale Formen der Unterhaltung gegen Offline-Aktivitäten. Lies ein Buch, mach eine Wanderung oder probiere ein neues Hobby aus.

Achtsamer Umgang mit der Technik: Wenn du die Technik nutzt, tu es bewusst und sei ganz präsent. Hör dir ein Musikalbum von Anfang bis Ende an oder ruf einen Freund an, um ein sinnvolles Gespräch zu führen.

Herausforderung: Verbringe am Wochenende mindestens 3 Stunden in der Natur ohne digitale Geräte.

Digitaler Detox-Plan für Fortgeschrittene

Dauer: Eine Woche

Vorbereitung:

Informiere deine engsten Kontakte: Informiere deine Freunde, Familie und Arbeitskollegen über deinen Entgiftungsplan. So verringerst du die Angst, etwas zu verpassen oder nicht erreichbar zu sein.

Richte einen Autoresponder ein: Richte gegebenenfalls eine automatische E-Mail-Antwort ein, die dich darüber informiert, dass du einen digitalen Entzug machst und wann du wieder online sein wirst.

Regeln:

Richte technikfreie Zonen ein: Mache dein Schlafzimmer und dein Esszimmer zu technikfreien Zonen. Lade deine Geräte in einem anderen Raum auf.

Geplante Überprüfungen: Nimm dir zwei Mal am Tag 30 Minuten Zeit, um E-Mails und Nachrichten zu überprüfen.

Nachtruhe: Mindestens eine Stunde vor dem Schlafengehen keine Bildschirme, um die Qualität des Schlafs zu verbessern.

Sei körperlich aktiv: Ersetze einen Teil deiner üblichen Bildschirmzeit durch körperliche Aktivität. Versuche, dich mindestens 30 Minuten pro Tag zu bewegen.

Herausforderung: Beende ein Projekt oder eine Aktivität, die du aus Zeitmangel aufgeschoben hast.

Advanced Digital Detox Challenge

Dauer: Ein Monat

Vorbereitung:

Bring Ordnung in dein digitales Chaos: Melde dich von unnötigen E-Mails ab, entfolge Konten, die keinen Mehrwert bieten, und lösche Apps, die du nicht nutzt.

Setze dir klare Ziele: Finde heraus, was du während dieser Entgiftung erreichen willst: Mehr Zeit mit der Familie? Ein neues Projekt beginnen? Mehr Bücher lesen?

Regeln:

Strenge Grenzen für die Bildschirmzeit: Nutze digitale Wellness-Tools, um dir strenge tägliche Grenzen für deine Nutzung zu setzen.

Ersetze digitale Gewohnheiten: Erkenne die Zeiten, in denen du am ehesten gedankenlos scrollst oder digitale Inhalte konsumierst, und plane alternative Aktivitäten.

Wichtigste Schlussfolgerungen

- Die digitalen Medien sind zwar ein wichtiger Bestandteil des modernen Lebens, können aber Stress und Ärger durch ständige Konnektivität und den Kontakt mit negativen Inhalten verstärken.
- Die Entwicklung gesunder digitaler Gewohnheiten, wie z. B. die Auswahl positiver Inhalte, die Begrenzung der Bildschirmzeit und die Durchführung digitaler Entgiftungen, können diese Auswirkungen abmildern.
- Die Technologie bietet auch Werkzeuge zur Wutbewältigung, von Achtsamkeits-Apps bis hin zu Online-Ressourcen, die potenzielle Stressquellen in Verbündete für das emotionale Wohlbefinden verwandeln.
- Regelmäßige digitale Entgiftungen bieten eine wertvolle Möglichkeit, unsere Beziehung zur Technologie neu zu justieren, technologiebedingten Stress zu reduzieren und reale Verbindungen und Aktivitäten zu fördern.

Zusammenfassung der praktischen Maßnahmen

- **Kümmere dich um dein digitales Umfeld:** Überprüfe regelmäßig deine Inhalte in den sozialen Medien und passe sie an, um sicherzustellen, dass sie einen positiven Beitrag zu deinem täglichen Leben leisten.
- **Setze Grenzen für die Bildschirmzeit:** Nutze integrierte digitale Wellness-Tools, um tägliche Grenzen für die Bildschirmzeit festzulegen und einzuhalten.

- **Regelmäßige digitale Entgiftungen:** Plane regelmäßige digitale Entgiftungen ein, von ein paar Stunden bis zu einem ganzen Wochenende, um abzuschalten und deine Batterien aufzuladen.
- **Nutze Apps zur psychischen Gesundheit:** Erkunde und nutze Apps, die für Achtsamkeit, Stimmungsmessung und Stressmanagement entwickelt wurden.
- **Bewusster Konsum:** Überlege dir, wann und warum du dich mit digitalen Medien beschäftigst und wähle Qualität statt Quantität

Das nächste Kapitel befasst sich mit der komplexen Welt der zwischenmenschlichen Beziehungen. Entdecke, wie du emotionale Intelligenz einsetzen kannst, um Verständnis, Empathie und Widerstandsfähigkeit in deinen Beziehungen zu fördern. Vom Entschlüsseln emotionaler Signale bis zum konstruktiven Umgang mit Konflikten legen wir den Grundstein für gesündere und befriedigendere Interaktionen.

KAPITEL 9

Suche nach professioneller Unterstützung und Hilfe

Die größte Entdeckung einer jeden Generation ist, dass ein Mensch sein Leben verändern kann, indem er seine Einstellung ändert.

– William James

W AS WÄRE, WENN der Schlüssel zur Bewältigung von Wut nicht darin läge, sie zu unterdrücken, sondern darin, sie zu verstehen und sie mit professioneller Hilfe zu kanalisieren? In einer Welt, in der der psychischen Gesundheit die dringend benötigte Aufmerksamkeit zuteil wird, ist es nicht nur ein Zeichen von Stärke, sondern auch ein Schritt zu tiefgreifendem persönlichem Wachstum, wenn man sich Unterstützung und professionelle Hilfe sucht, um seine Wut zu bewältigen.

Dieses Kapitel ist ein Wegweiser durch die Landschaft der professionellen Hilfe zur Wutbewältigung. Von der Frage, wann es an der Zeit ist, Hilfe zu suchen, bis

> Professionelle Hilfe zu suchen, um mit Wut umzugehen, ist nicht nur ein Zeichen von Stärke, sondern auch ein grundlegender Schritt zu persönlichem Wachstum und emotionalem Wohlbefinden.

134

hin zur transformativen Rolle der Therapie, der Unterstützung durch Gleichaltrige und einer Reihe von Ressourcen und Kontakten, navigieren wir den Weg zu einer ruhigeren, konzentrierteren Person.

Wann du Hilfe bei Wutproblemen suchen solltest

Zu erkennen, wann man bei Wutproblemen Hilfe suchen sollte, ist entscheidend für die Verbesserung der emotionalen Gesundheit und der Beziehungen. Wut ist an sich eine normale und gesunde Emotion. Wenn sie jedoch außer Kontrolle gerät, destruktiv wird oder sich negativ auf dein Leben und das Leben deiner Mitmenschen auswirkt, ist es an der Zeit, professionelle Hilfe in Anspruch zu nehmen. Hier sind einige klare Anzeichen dafür, dass es an der Zeit ist, Hilfe zu suchen:

1. Häufige Ausbrüche

Wenn du bei kleinen Unannehmlichkeiten oder alltäglichen Ärgernissen häufig die Beherrschung verlierst, ist das ein Zeichen dafür, dass du deine Wut nicht unter Kontrolle hast. Häufige Wutausbrüche können Beziehungen belasten und einen Kreislauf aus Bedauern und Frustration schaffen.

2. Körperliche Symptome

Wenn du wirklich wütend oder frustriert über etwas bist, ist das nicht nur etwas, das du in deinem Kopf fühlst. Diese Wut kann sich auf verschiedene Weise in deinem Körper bemerkbar machen. Du könntest zum Beispiel häufig Kopf- oder Magenschmerzen bekommen. Manche Menschen können schlecht schlafen oder fühlen sich besorgter und ängstlicher als sonst.

Nehmen wir an, dass du dich jedes Mal, wenn du mit einem Team an einem großen Projekt arbeiten musst, gestresst und wütend fühlst, weil du am Ende den Großteil der Arbeit selbst erledigst. Vielleicht merkst du, dass du in dieser Zeit auch Probleme mit dem Schlafen hast, starke Kopfschmerzen bekommst oder dir der Magen drückt. Diese körperlichen Probleme sind der Weg deines Körpers, dir zu sagen, dass etwas nicht stimmt.

In diesem Fall sind die körperlichen Symptome mit deinen Gefühlen von Wut und Frustration über die ungerechte Arbeitsbelastung verbunden. Dein Körper reagiert auf diese Gefühle. Um dich besser zu fühlen, ist es wichtig, den Grund für deine Wut anzusprechen. Wenn du mit deinem Team über eine gerechtere Arbeitsteilung sprichst, kann das helfen, sowohl deine Wut als auch die körperlichen Symptome zu lindern.

3. Auswirkungen auf die Beziehungen

Wenn Wut zu häufigen Streitereien, Groll oder sogar Angst in der Familie, unter Freunden oder Kollegen führt, ist das ein wichtiger Hinweis darauf, dass eine professionelle Beratung helfen kann. Gesunde Beziehungen sollten nicht ständig durch unkontrollierte Wut gefährdet werden.

4. Bedauernde Handlungen

Wenn du oft Dinge bereust, die du im Zorn gesagt oder getan hast, oder wenn dich deine Reaktionen überraschen oder ängstigen, sind das klare Anzeichen dafür, dass der Zorn dich kontrolliert und nicht umgekehrt.

5. Substanzabhängigkeit

Wenn du nach einem Wutausbruch zu Alkohol, Drogen oder anderen Substanzen greifst, um dich zu "beruhigen" oder deine Stimmung zu kontrollieren, ist das ein Warnzeichen. Dies kann ein Hinweis auf einen ungesunden Bewältigungsmechanismus sein, um mit emotionalem Stress umzugehen.

6. Kommentare von anderen

Manchmal sind es die Menschen in unserem Umfeld, die als erste merken, dass wir Hilfe brauchen. Wenn jemand, dem du vertraust, vorschlägt, dass du von einer Wutbewältigung oder einer Therapie profitieren könntest, solltest du ihren Standpunkt ernsthaft in Betracht ziehen.

7. Rechtliche oder arbeitsrechtliche Probleme

Wenn du mit rechtlichen Problemen konfrontiert wirst, z. B. wenn du von einem Gericht zur Teilnahme an einem Aggressionsbewältigungskurs verdonnert wirst, oder wenn du am Arbeitsplatz wegen deiner Wut diszipliniert wirst, sind das klare Anzeichen dafür, dass du professionelle Hilfe brauchst.

8. Das Gefühl, die Kontrolle zu verlieren

Das Gefühl der Hilflosigkeit oder des Außer-Kontrolle-Geratens, wenn du wütend wirst, als ob du dich von außen beobachtest, deutet darauf hin, dass deine Wut intensiver ist, als du sie normalerweise selbst kontrollieren kannst.

9. Wunsch nach Veränderung

Wenn du erkennst, dass du dein Verhältnis zur Wut ändern willst, aber nicht weißt, wie du anfangen sollst, ist das Grund genug, professionelle Hilfe zu suchen.

10. Den Sprung wagen

Die Erkenntnis, dass du möglicherweise Hilfe bei der Bewältigung deiner Wut brauchst, ist ein mutiger und sinnvoller erster Schritt zur Heilung. Professionelle Therapeuten oder Berater können dir die Werkzeuge und Strategien an die Hand geben, die du brauchst, um deine

Wut zu verstehen und effektiv zu bewältigen, was zu einem gesünderen, ausgeglicheneren Leben führt. Denke daran, dass es ein Zeichen von Stärke und nicht von Schwäche ist, Hilfe zu suchen.

Wusstest du, dass...?

Wut ist eine sekundäre Emotion. Sie wird immer von einem anderen emotionalen Zustand abgelöst. Sie kann durch Schuldgefühle, Stress, Traumata oder ein anderes zugrunde liegendes psychisches Problem ausgelöst werden. Aus diesem Grund sind professionelle Beratung und Therapie bei der Bewältigung von Wut sehr hilfreich, da sie das Problem an der Wurzel packen.

Die Rolle von Beratung und Therapie

In der Therapie geht es nicht nur darum, die Flammen der Wut zu unterdrücken, sondern auch darum, ihre Ursprünge zu verstehen, gesündere Wege zu finden, Gefühle auszudrücken und die Art und Weise, wie wir mit uns selbst und anderen umgehen, grundlegend zu ändern. Lass uns die unzähligen Vorteile von Beratung und Therapie zur Wutbewältigung erkunden:

Die Wurzeln der Wut verstehen

Eine Therapie bietet ein sicheres und vertrauliches Umfeld, in dem du die Ursachen deiner Wut erforschen kannst. Egal, ob es sich um einen ungelösten Konflikt, Stress oder Angst handelt, die Ursache zu verstehen ist der erste Schritt zu einer effektiven Bewältigung. Stell dir vor, du warst schon immer schnell und weißt nicht genau, warum. Einfache Dinge machen dich wütend, z. B. wenn sich jemand in der Schlange vordrängelt oder ein Freund zu spät kommt. Dann beschließt du, mit einem Therapeuten zu sprechen, weil du verstehen willst, warum und wie du besser damit umgehen kannst. In der Therapie hast du einen ruhigen, privaten Raum, in dem du dich wirklich mit deinen Gefühlen auseinandersetzen kannst.

> Die Entschlüsselung der zugrunde liegenden Ursachen von Wut kann den Weg zu einem effektiven Management und emotionaler Heilung ebnen.

Du fängst an, über dein Leben zu reden und merkst bald, dass deine Wut vielleicht von etwas herrührt, das dir passiert ist, als du jünger warst. Vielleicht hast du dich ignoriert gefühlt oder hattest das Gefühl, dass du immer perfekt sein musst, um Aufmerksamkeit zu bekommen. Oder vielleicht gab es eine Zeit, in der du dich wirklich enttäuscht oder verängstigt gefühlt hast, aber nie darüber gesprochen oder es verarbeitet hast.

Wenn du über diese vergangenen Erfahrungen sprichst, erkennst du, wie sie wie unsichtbare Fäden an deinen Gefühlen ziehen und dich in Situationen, die dich auch nur ein bisschen an die alten Gefühle des Ignoriertwerdens oder der Angst erinnern, mit Wut reagieren lassen. Wenn du diesen Zusammenhang verstehst, wird nicht alles sofort wieder gut, aber es ist, als würdest du ein Licht in einem dunklen Raum anmachen. Plötzlich verstehst du, warum du dich an Dingen gestoßen hast. Mit der Hilfe des Therapeuten lernst du neue Wege, mit Situationen umzugehen, die dir früher auf die Nerven gingen. Du lernst, innezuhalten, darüber nachzudenken, warum du wirklich wütend bist und so zu reagieren, dass es dir und deinem Umfeld besser geht.

Lernen, sich auf gesunde Weise auszudrücken

Wenn du mit Wut konfrontiert wirst, ist es wichtig, dass du einen Weg findest, sie rauszulassen, ohne dich selbst oder die Menschen um dich herum zu verletzen. Da kommt eine Beratung gerade recht. Es ist wie ein Kurs, in dem du lernst, wie du am besten mit deinen Gefühlen umgehen kannst.

Eine wichtige Lektion ist es, selbstbewusst zu sein. Das bedeutet, dass du lernst zu sagen, was du denkst und für dich selbst einzustehen, dabei aber andere zu respektieren. Es geht darum, klar und direkt zu sein, ohne gemein oder aggressiv zu sein. Ein weiterer Punkt, an dem du arbeiten wirst, ist herauszufinden, wie du Probleme lösen kannst, ohne die Situation zu verschlimmern. Das kann bedeuten,

> Wenn du gesunde Wege entdeckst, dich auszudrücken, kann das zu sinnvolleren Interaktionen und größerem emotionalen Wohlbefinden führen.

dass du lernst, Dinge auszudiskutieren und Lösungen zu finden, die für alle funktionieren, anstatt eine Meinungsverschiedenheit in einen großen Streit ausarten zu lassen.

Du wirst auch lernen, wie du ruhig bleiben kannst. Dazu gehören Strategien wie das tiefe Durchatmen, wenn du wütend bist, das Weggehen von einer Situation, bis du dich beruhigt hast, und das Durchdenken von Dingen, bevor du reagierst. Wenn du diese Fähigkeiten erlernst, kannst du verhindern, dass deine Wut außer Kontrolle gerät und dich zu Handlungen verleitet, die du später vielleicht bereust. Und es geht nicht nur darum, schlechte Ergebnisse zu vermeiden, sondern auch darum, bessere und stärkere Beziehungen zu den Menschen in deinem Leben aufzubauen und dich besser zu kontrollieren und mit dir selbst im Reinen zu sein.

Verbesserung des Selbstbewusstseins

Durch die Therapie werden sich die Menschen ihrer emotionalen Auslöser und der körperlichen und emotionalen Anzeichen für aufkommenden Ärger bewusster. Dieses Bewusstsein ermöglicht die frühzeitige Anwendung von Bewältigungsstrategien, bevor die Emotionen übermächtig werden.

Du merkst, dass du jedes Mal sehr wütend wirst, wenn dich jemand unterbricht, während du sprichst. In der Therapie fängst du an, darauf zu achten, wie dein Herz rast und deine Hände sich verkrampfen. Du stellst fest, dass dein Körper dir auf diese Weise mitteilt, dass du wütend wirst. Sobald dich jemand unterbricht und du das Herzrasen spürst, holst du tief Luft und zählst bis zehn, bevor du reagierst. Auf diese Weise erkennst du deine Wut frühzeitig und gehst ruhig damit um, anstatt sie explodieren zu lassen.

Verringerung der körperlichen und emotionalen Auswirkungen

Chronische Wut kann erhebliche körperliche und emotionale Folgen haben, wie z.B. ein erhöhtes Risiko für Herzkrankheiten, Depressionen und Angstzustände. Eine Therapie kann diese Risiken verringern, indem sie den Menschen hilft, ihre Wut besser zu bewältigen, was zu einem gesünderen und ausgeglicheneren Leben führt.

Angenommen, du warst früher oft wütend und hast festgestellt, dass du dich dadurch ständig müde fühlst und oft traurig oder besorgt bist. Nach einiger Zeit in der Therapie lernst du, mit den Dingen umzugehen, die dich früher wütend gemacht haben, indem du über deine Gefühle sprichst oder einen Spaziergang machst, um dich zu beruhigen. Wenn du deine Wut besser in den Griff bekommst, fühlst du dich energiegeladener und glücklicher. Deine Sorgen belasten dich nicht mehr. Das zeigt, dass es dir nicht nur mental besser geht, wenn du deine Wut in den Griff bekommst, sondern auch deine allgemeine Gesundheit verbessern kannst.

Beziehungen verbessern

Wut kann Beziehungen belasten und Schäden verursachen, die irreparabel erscheinen. Die Beratung bietet Strategien, um Beziehungen zu reparieren und zu stärken, indem sie die Kommunikation, das Einfühlungsvermögen und das Verständnis verbessert. Sie lehrt, wie man mit Meinungsverschiedenheiten auf gesunde Weise umgeht, um engere und befriedigendere Beziehungen zu fördern.

Stell dir Folgendes vor: Du und dein bester Freund streiten über etwas Unwichtiges, zum Beispiel darüber, wer vergessen hat, das

Mittagessen zu bezahlen. Der Streit artet in ein Gebrüll aus, das euch beide wütend und unfähig zum Reden macht. In der Therapie lernst du, zu reden, ohne wütend zu werden. Wenn es das nächste Mal zu einer Meinungsverschiedenheit kommt, denk daran, zuerst zuzuhören und zu versuchen, die Dinge aus der Sicht deines Freundes zu sehen. Erkläre ruhig, wie du dich fühlst und verstehe auch ihren Standpunkt. Auf diese Weise fühlt ihr euch beide gehört und verstanden. So wird nicht nur das Problem gelöst, ohne Gefühle zu verletzen, sondern auch eure Freundschaft gestärkt, weil ihr euch gegenseitig Respekt und Einfühlungsvermögen entgegengebracht habt.

Verhinderung einer Eskalation

Einer der wichtigsten Vorteile einer Therapie ist es, zu lernen, wie du verhindern kannst, dass deine Wut eskaliert. Dazu gehört, dass du die ersten Anzeichen von Frustration erkennst und Techniken anwendest, um dich zu beruhigen, wie Auszeiten, tiefes Atmen oder körperliche Aktivität.

Stell dir vor, du befindest dich in einer Situation, die dich normalerweise zum Explodieren bringt, z.B. wenn du im Stau stehst und ohnehin schon spät dran bist. Du spürst, wie der vertraute Ärger in dir hochkocht. Aber dann erinnerst du dich daran, was du in der Therapie darüber gelernt hast, wie du deine Wut kontrollieren kannst, bevor sie explodiert. Du atmest tief durch, machst Musik an und erinnerst dich daran, dass Wut den Verkehr nicht auflösen wird. Vielleicht hältst du sogar an, um dir die Beine zu vertreten oder ein paar schnelle Übungen am Auto zu machen. Diese Maßnahmen helfen dir, dich zu beruhigen und verhindern, dass du die Situation zu sehr auf die leichte Schulter nimmst. Anstatt wütend und gestresst an deinem Ziel anzukommen, bleibst du ruhig und gelassen.

Persönliches Wachstum

Bei der Wutbewältigungstherapie geht es nicht nur darum, die Wut zu kontrollieren. Sie ist ein Weg zu persönlichem Wachstum, der

Einblicke in emotionale Muster bietet und zeigt, wie sie unser Leben beeinflussen. Dieser Weg kann zu erheblichen Verbesserungen des allgemeinen Wohlbefindens und der Lebenszufriedenheit führen.

Sieh die Therapie nicht nur als eine Möglichkeit, deine Wut in den Griff zu bekommen, sondern als eine Reise, die dir hilft, als Person zu wachsen. Es ist wie eine Landkarte, die dir zeigt, wie deine Gefühle dein Handeln bestimmen und dein Leben beeinflussen. Diese Reise kann dich glücklicher und zufriedener mit deinem Leben machen, weil du dich selbst besser verstehst und weißt, wie du mit deinen Gefühlen umgehen kannst.

Maßgeschneiderte Strategien

Die Beratung bietet individuelle Strategien, die auf die besonderen Bedürfnisse und Lebensumstände jeder Person zugeschnitten sind. Was für den einen funktioniert, muss für den anderen nicht gelten. Therapeuten können helfen, die effektivsten Methoden für jeden Einzelnen zu finden.

Wenn du zur Therapie gehst, bekommst du maßgeschneiderte Ratschläge. Das ist wie ein maßgeschneiderter Plan zur Wutbewältigung, denn was einer Person hilft, ruhig zu bleiben, funktioniert bei einer anderen vielleicht nicht. Der Therapeut arbeitet mit dir zusammen, um den besten Weg zu finden, mit schwierigen Situationen umzugehen, je nachdem, was du gerade erlebst.

Unterstützung und Rechenschaftspflicht

Therapeuten bieten ein unterstützendes Umfeld, das Fortschritte fördert und die Menschen für ihr Handeln und ihr Wachstum verantwortlich macht. Diese Kombination aus Unterstützung und Verantwortung ist entscheidend, um eine dauerhafte Veränderung zu erreichen.

Dein Therapeut ist wie ein Coach, der dich ermutigt, aber auch wie ein Fitnesstrainer, der darauf achtet, dass du deine Ziele einhältst. Er oder sie ist da, um deine Erfolge zu feiern und dir dabei zu helfen, aus den schwierigen Zeiten zu lernen und sicherzustellen, dass du immer vorankommst. Diese Mischung aus Ermutigung und sanftem Anstupsen hilft dir, echte und dauerhafte Veränderungen zu erreichen.

Ausbildung

Letztendlich befähigt die Therapie Menschen dazu, ihre Wut und ihr Leben in den Griff zu bekommen. Sie gibt ihnen das Handwerkszeug und das Selbstvertrauen, mit Herausforderungen auf gesündere und konstruktivere Weise umzugehen.

Die Teilnahme an einer Therapie oder Beratung zur Wutbewältigung ist eine Investition in deine emotionale und körperliche Gesundheit, deine Beziehungen und deine Zukunft. Es geht darum, ein Leben aufzubauen, in dem Wut nicht mehr deine Handlungen kontrolliert oder die Qualität deiner Interaktionen mit der Welt diktiert.

Letztendlich gibt dir die Therapie die Macht über deine Wut und dein Leben. Es ist, als würde man dir das Lenkrad und die Straßenkarte geben, damit du durch Herausforderungen fahren kannst, ohne dich in der Wut zu verlieren. Mit dem richtigen Handwerkszeug und Selbstvertrauen bist du darauf vorbereitet, allem, was auf dich zukommt, gelassen und positiv zu begegnen.

Bei einer Therapie zur Wutbewältigung geht es um mehr als nur darum zu lernen, sich zu beruhigen: Es geht darum, in ein glücklicheres, gesünderes Leben zu investieren. Es geht darum, ein Leben aufzubauen, in dem die Wut nicht die Regeln diktiert, damit du eine bessere Gesundheit, stärkere Beziehungen und eine bessere Zukunft genießen kannst.

Gruppen zur Unterstützung und gegenseitigen Hilfe

Selbsthilfegruppen und Peer Support spielen eine entscheidende Rolle auf dem Weg zu einem effektiven Wutmanagement. Diese Plattformen bieten eine einzigartige Form der Unterstützung, die die individuelle Therapie ergänzt, indem sie eine Gemeinschaft schaffen, in der Erfahrungen, Kämpfe und Erfolge offen geteilt werden. Sehen wir uns an, warum Selbsthilfegruppen und Peer Support so wertvoll für diejenigen sind, die mit Wutproblemen zu kämpfen haben.

> Selbsthilfegruppen und Peer Support bieten unschätzbare Begleitung und Verständnis auf dem Weg zur Wutbewältigung und bieten einen sicheren Raum, um Erfahrungen auszutauschen und von der Gemeinschaft unterstützt zu werden.

Gemeinsame Erfahrungen

Einer der stärksten Aspekte von Selbsthilfegruppen ist die Erkenntnis, dass du in deinem Kampf nicht allein bist. Wenn du hörst, dass andere von ähnlichen Gefühlen, Herausforderungen und Erfolgen berichten, kann das unglaublich beruhigend sein. Diese gemeinsame Erfahrung fördert ein Gefühl der Zugehörigkeit und Gemeinschaft.

Vielfältige Perspektiven

In einer Selbsthilfegruppe haben die Mitglieder unterschiedliche Hintergründe und Lebensgeschichten, aber dennoch ein gemeinsames Ziel. Diese Vielfalt bietet eine Vielzahl von Perspektiven und Strategien zur Bewältigung von Wut und gibt den Mitgliedern ein breiteres Spektrum an Bewältigungsmechanismen an die Hand.

Sicherer und unvoreingenommener Raum

Selbsthilfegruppen bieten ein sicheres, vertrauliches und urteilsfreies Umfeld, in dem Menschen ihre Gefühle und Erfahrungen ohne Angst vor Kritik äußern können. Diese Offenheit fördert Ehrlichkeit und

Verletzlichkeit, die der Schlüssel zu persönlichem Wachstum und Verständnis sind.

Von anderen lernen

Zu sehen, wie andere mit ihren Wutproblemen umgehen, kann eine lehrreiche und aufschlussreiche Erfahrung sein. Die Mitglieder können von den Erfolgen und Misserfolgen anderer lernen und verstehen, was ihnen auf ihrem eigenen Weg helfen kann und was nicht.

Ermutigung und Motivation durch Gleichaltrige

Ermutigung und Motivation von Gleichaltrigen, die die Herausforderungen der Wutbewältigung verstehen, kann ein starker Motivator sein. Sich gegenseitig für seine Fortschritte zu feiern, auch wenn sie noch so klein sind, kann die Moral stärken und das Durchhaltevermögen fördern, besonders in schwierigen Zeiten.

Rechenschaftspflicht

Die Zugehörigkeit zu einer Gruppe bietet ein Maß an Verantwortlichkeit, das motivierend sein kann. Das Wissen, dass andere deine Ziele und Fortschritte kennen, kann dich ermutigen, dein Engagement für die Wutbewältigung aufrechtzuerhalten.

Kostengünstige Hilfe

Eine Einzeltherapie kann für die Wutbewältigung zwar wichtig sein, aber auch teuer. Selbsthilfegruppen bieten oft eine erschwinglichere Möglichkeit, Hilfe zu bekommen, und sind damit für eine größere Anzahl von Menschen zugänglich.

Entwicklung von Bewältigungskompetenzen

Durch Diskussionen und Austausch können die Mitglieder der Selbsthilfegruppe effektive Fähigkeiten und Strategien für den Umgang mit Auslösern und stressigen Situationen erlernen. Diese praktischen Tipps beruhen auf Erfahrungen aus dem wirklichen Leben und sind daher äußerst relevant und anwendbar.

Förderung der emotionalen Intelligenz

Die Teilnahme an Selbsthilfegruppen kann die emotionale Intelligenz steigern, indem sie das Einfühlungsvermögen erhöht, die Kommunikationsfähigkeit verbessert und bessere Beziehungen fördert. Wenn man lernt, die Emotionen anderer zu verstehen und darauf zu reagieren, kann das wiederum einen tieferen Einblick in die eigenen emotionalen Muster geben.

Kontinuierliche Unterstützung

Schließlich bieten Selbsthilfegruppen eine kontinuierliche Quelle der Unterstützung. Im Gegensatz zu Therapien, die eine bestimmte Anzahl von Sitzungen haben, können Selbsthilfegruppen eine langfristige Begleitung auf dem Weg zur Wutbewältigung bieten, die sich im Laufe der Zeit anpasst und mit ihren Mitgliedern wächst.

Im Wesentlichen verkörpern Selbsthilfegruppen und Peer Support den Grundsatz, dass wir gemeinsam stärker sind. Sie bieten nicht nur einen Raum, um mit Wut umzugehen, sondern auch, um sie in eine Kraft für positive Veränderungen zu verwandeln, sowohl bei sich selbst als auch in der Gemeinschaft.

Ressourcen und Kontaktinformationen

Die richtigen Ressourcen und Kontakte für professionelle Hilfe bei der Wutbewältigung zu finden, kann der erste Schritt auf dem Weg zu einem gesünderen Umgang mit Emotionen sein. Im Folgenden findest du eine Zusammenstellung verschiedener Ressourcen, darunter Websites, Hotlines und Organisationen, die sich auf Wutmanagement und psychische Gesundheit spezialisiert haben. Diese Liste ist als Ausgangspunkt für Hilfesuchende gedacht.

Websites zur Information und Unterstützung

o **American Psychological Association (APA): apa.org**

Bietet eine Fülle von Informationen über Wutmanagement, darunter Artikel, Tipps und Forschungsergebnisse.

o **Nationales Institut für psychische Gesundheit (NIMH): nimh.nih.gov**

Bietet ausführliche Informationen zu Wut und anderen psychischen Problemen, einschließlich Symptomen, Behandlungen und aktueller Forschung.

o **Mind (UK): mind.org.uk**

Bietet Unterstützung und Beratung zu Wutmanagement, psychischen Problemen und wo man in Großbritannien Hilfe findet.

o **Mental Health America (MHA): mhanational.org**

Sie enthält Ressourcen zum Verständnis von Wut, Selbsthilfe-Tools und wie du Hilfe bekommst.

Therapie- und Beratungsdienste

BetterHelp: betterhelp.co.uk
Eine Online-Plattform, die Zugang zu lizenzierten Therapeuten bietet, um Wut und andere psychische Probleme zu bewältigen.

o   **Talkspace: talkspace.com**

Bietet Online-Therapie mit Fachleuten an, die dir mit Techniken und Strategien zur Wutbewältigung helfen können.

Soforthilfe-Hotlines

o   **National Suicide Prevention Lifeline (USA):** 1-800-273-TALK (1-800-273-8255)

Sie sind 24 Stunden am Tag, 7 Tage die Woche für alle, die in Not sind, erreichbar. Auch wenn sie sich nicht speziell mit Wutbewältigung befassen, können sie sofortige Unterstützung und Ressourcen anbieten.

o   **Krisentelefon (USA): Sende** HOME an 741741

Ein SMS-Helpdesk, das rund um die Uhr für jede Krise zur Verfügung steht, auch für die der Wut.

Selbsthilfegruppen

o   **Gruppen zur Wutbewältigung:** Erkundige dich in Gemeindezentren, Krankenhäusern oder psychiatrischen Kliniken nach Gruppenangeboten zur Wutbewältigung in deiner Nähe.

o   **Mental Health America (MHA) Support Community:** mhanational.org

Hier findest du ein Verzeichnis, das dir hilft, Selbsthilfegruppen für verschiedene psychische Probleme zu finden, z. B. für Wutbewältigung.

Zusätzliche Ressourcen

o **SAMHSA's National Helpline (USA):** 1-800-662-HELP (1-800-662-4357)

Bietet allgemeine Informationen über psychische Gesundheit und hilft bei der Suche nach Behandlungsmöglichkeiten und Selbsthilfegruppen.

o **Relate (Vereinigtes Königreich): relate.org.uk**

Bietet Beziehungsunterstützung, einschließlich Hilfe beim Umgang mit Wut in Beziehungen.

Diese Liste ist nicht erschöpfend, aber sie bietet eine solide Grundlage für die Suche nach Hilfe. Denke daran, dass es ein Zeichen von Stärke ist, um Hilfe zu bitten und der erste Schritt, um deine Wut zu bewältigen und deine Lebensqualität zu verbessern.

Wichtigste Schlussfolgerungen

- Es ist wichtig, die Anzeichen zu verstehen, die darauf hinweisen, dass du professionelle Hilfe brauchst, um deine Wut zu bewältigen.
- Diese Interventionen bieten wertvolle Einblicke in die Ursachen von Wut, lehren einen gesunden Wutausdruck und fördern das persönliche Wachstum.
- Der Austausch von Erfahrungen und Strategien in einer unterstützenden Gemeinschaft kann unglaublich bestärkend und hilfreich sein.

- Es gibt eine Reihe von Ressourcen wie Websites, Beratungsstellen und Organisationen, die Unterstützung und Anleitung für einen effektiven Umgang mit Wut bieten.

- Existen diversos recursos, como sitios web, líneas telefónicas de ayuda y organizaciones, que ofrecen apoyo y orientación para gestionar la ira de forma eficaz.

Zusammenfassung der praktischen Maßnahmen

- Achte auf häufige Ausbrüche, Auswirkungen auf Beziehungen und Gefühle des Bedauerns als Anzeichen dafür, dass es an der Zeit ist, Hilfe zu suchen.
- Ziehe eine Therapie in Betracht, um die Wurzeln deiner Wut aufzudecken und gesunde Bewältigungsmechanismen zu erlernen.
- Triff dich mit anderen, die vor ähnlichen Herausforderungen stehen, um Erfahrungen auszutauschen und voneinander zu lernen.
- Nutze die aufgeführten Ressourcen und Kontakte, um professionelle Hilfe zu finden, die auf deine Bedürfnisse zugeschnitten ist.
- Denke daran, dass es ein Zeichen von Stärke und ein Schritt in Richtung persönliches Wachstum ist, wenn du Hilfe suchst und daran arbeitest, deine Wut zu kontrollieren.

Indem wir die Suche nach professioneller Unterstützung und Hilfe aufgeben, rüsten wir uns mit dem Wissen und den Werkzeugen aus, die wir brauchen, um die nächsten Schritte auf unserem Weg zu emotionalem Wohlbefinden zu gehen.

Im nächsten Kapitel, "Eine resiliente Denkweise entwickeln", werden wir uns mit Strategien für die Kultivierung von Resilienz beschäftigen. Entdecke, wie Resilienz dir nicht nur dabei helfen kann, dich von Rückschlägen zu erholen, sondern auch die Art und Weise zu verändern, wie du mit Herausforderungen umgehst, was zu einem erfüllteren und ausgeglicheneren Leben führt.

KAPITEL 10

Mit Zuversicht vorwärts gehen

Nicht die stärkste Spezies überlebt, auch nicht die intelligenteste, sondern diejenige, die am empfänglichsten für Veränderungen ist.

– Charles Darwin

STELL DIR VOR, du befindest dich am Rande eines riesigen Ozeans. Die Wellen des Ärgers und der Frustration, die dich einst zu verschlingen drohten, plätschern nun ruhig an deinen Füßen. Du hast gelernt, dich in diesen Gewässern zurechtzufinden, aber die Reise ist hier noch nicht zu Ende. In diesem Kapitel geht es darum, mit Zuversicht vorwärts zu navigieren und die Werkzeuge und das Wissen zu nutzen, das du dir angeeignet hast, um den Kurs in Richtung emotionales Wohlbefinden zu halten.

In Kapitel 10 werden wir Strategien erkunden, wie du deine Fortschritte im Umgang mit Wut aufrechterhalten, dich auf zukünftige Herausforderungen vorbereiten und eine Zukunft mit emotionalem Wohlbefinden

In Kapitel 10 erhältst du Strategien, mit denen du dich zukünftigen Herausforderungen stellen und dein emotionales Wohlbefinden mit Zuversicht in Angriff nehmen kannst.

anstreben kannst. Mit jedem Schritt lernst du, wie du auf deinen Erfolgen aufbauen und positiv und zuversichtlich in die Zukunft blicken kannst.

Fortschritte im Wutmanagement beibehalten

Fortschritte bei der Wutbewältigung zu machen, ist eine Reise, kein Ziel. Du musst dich ständig bemühen und dich verpflichten, die erlernten Strategien anzuwenden und sie an die Veränderungen in deinem Leben anzupassen. Hier sind einige wertvolle Tipps, die dir helfen, deine Fortschritte im effektiven Wutmanagement auszubauen:

Führe eine Routine zur Selbstreflexion ein

Regelmäßige Reflexion: Nimm dir jede Woche Zeit, um über deine emotionalen Reaktionen und die Situationen, die deinen Ärger ausgelöst haben, nachzudenken. Beurteile, welche Strategien funktioniert haben und welche du verbessern kannst.

Reflektiere über Rückschläge: Sieh Rückschläge nicht als Misserfolge, sondern als Chancen zum Lernen und Wachsen. Analysiere, was passiert ist und wie du deine Reaktion in Zukunft anpassen kannst.

Kontinuierlich lernen und wachsen

Bildungsressourcen: Halte dich mit Büchern, Podcasts und Artikeln über Wutmanagement und emotionale Intelligenz auf dem Laufenden. Kontinuierliches Lernen kann neues Wissen bringen und bestehende Strategien verstärken.

Workshops und Seminare: Nimm an Workshops oder Seminaren teil, die sich mit Wutbewältigung, Kommunikationsfähigkeit und Stressabbau befassen. Sie können neue Perspektiven und Werkzeuge für den Umgang mit Emotionen bieten.

Eine gesunde Lebensweise annehmen

Körperliche Aktivität: Regelmäßige Bewegung ist ein wirksames Mittel, um Stress und Ärger zu bewältigen. Finde körperliche Aktivitäten, die dir Spaß machen, und mache sie zu einem Teil deiner Routine.

Ausgewogene Ernährung: Die Ernährung kann die Stimmung und die emotionalen Reaktionen beeinflussen. Achte auf eine ausgewogene Ernährung, die dein allgemeines Wohlbefinden fördert.

Fokus auf positive Beziehungen

Fördern Sie positive Beziehungen: Investieren Sie Zeit und Energie in Beziehungen, die Ihr Wachstum und Wohlbefinden fördern. Positive Interaktionen können als Puffer gegen Stress und Ärger dienen.

Kommunikationsfähigkeiten: Verbessere deine Kommunikationsfähigkeiten weiter und übe dich in Durchsetzungsvermögen und aktivem Zuhören. Eine effektive Kommunikation kann Missverständnisse vermeiden, die zu Ärger führen könnten.

Die Aufrechterhaltung von Fortschritten bei der Wutbewältigung ist ein aktiver Prozess, der sich mit der Zeit weiterentwickelt. Indem du diese Strategien in dein Leben integrierst, stärkst du dein Fundament und legst den Grundstein für kontinuierliches Wachstum und emotionale Widerstandsfähigkeit.

Einige praktische Beispiele

Carlos wuchs in einem Elternhaus auf, in dem Wut die Standardemotion war. Er ertappte sich dabei, wie er dieses Muster in seiner eigenen Familie wiederholte, was ihm das Herz brach. Er wusste, dass er diesen Kreislauf durchbrechen musste, aber er war sich nicht sicher, wie.

Carlos suchte Hilfe bei einer Beratungsstelle, wo er das Konzept der "generationalen Wut" kennenlernte. Er arbeitete daran, die Geschichte seiner Familie mit Wut zu verstehen und entwickelte Strategien, um seine Gefühle auf gesündere Weise auszudrücken. Außerdem initiierte er Familientreffen, bei denen jeder seine Gefühle in einem geschützten Raum mitteilen konnte.

Dieser neue Ansatz brachte Carlos' Familie näher zusammen. Sie lernten, ihre Frustrationen ohne Wut auszudrücken, was ihre Bindung stärkte. Carlos war stolz darauf, das emotionale Erbe seiner Familie zu verändern und zu zeigen, dass es möglich ist, sich von schädlichen Mustern zu lösen und etwas Gesünderes für die nächste Generation aufzubauen.

Sich auf die Herausforderungen der Zukunft vorbereiten

Um bei der Wutbewältigung weiter voranzukommen, ist es wichtig, zukünftigen Situationen, die Wut hervorrufen, mit Anmut und Widerstandskraft zu begegnen. Das Leben ist unvorhersehbar, aber mit dem richtigen Handwerkszeug kannst

Rüste dich mit den richtigen Werkzeugen und der richtigen Einstellung aus, um zukünftigen Herausforderungen mit Anmut und Widerstandskraft zu begegnen und so kontinuierliche Fortschritte im effektiven Wutmanagement zu erzielen.

du Herausforderungen meistern, ohne in alte Muster zurückzufallen. Hier erfährst du, wie du dich auf das vorbereitest, was vor dir liegt:

Antizipieren und Planen

Entwickle einen Reaktionsplan: Entwickle eine Strategie für jeden möglichen Auslöser. Atme zum Beispiel tief durch, zähle bis zehn oder sprich positiv, um dich zu beruhigen, bevor du reagierst.

Stärken Sie Ihren emotionalen Werkzeugkasten

Bewältigungsstrategien erweitern: Lerne und übe weiterhin verschiedene Bewältigungsstrategien. Techniken wie geführte Imaginationen, progressive Muskelentspannung oder Achtsamkeitsmeditation können in verschiedenen Situationen sehr hilfreich sein.

Übe szenariobasierte Reaktionen: Übe im Geiste, wie du in schwierigen Situationen reagieren möchtest. Die Visualisierung kann dir helfen, dich darauf vorzubereiten, in Übereinstimmung mit deinen Werten und Zielen zu handeln, wenn du mit realen Auslösern konfrontiert wirst.

Das emotionale Gleichgewicht bewahren

Regelmäßige Selbstfürsorge: Gehe regelmäßig Aktivitäten nach, die dein Wohlbefinden und deine Entspannung fördern. Egal, ob du Sport treibst, liest oder Zeit in der Natur verbringst, Selbstfürsorge kann dein Stressniveau senken und dich weniger anfällig für Ärger machen.

Förderung von unterstützenden Beziehungen

Kommuniziere deine Ziele: Sprich mit engen Freunden oder Familienmitgliedern über deine Wutbewältigungsziele. Sie können dir Unterstützung, Verständnis und manchmal auch eine hilfreiche Perspektive in schwierigen Zeiten bieten.

Aus Erfahrung lernen

Sieh Herausforderungen als Chancen: Sieh jede schwierige Situation als eine Gelegenheit, deine Fähigkeiten in die Praxis umzusetzen und zu lernen. Denke darüber nach, was funktioniert hat und was nicht, und passe deine Strategien entsprechend an.

Feiere Erfolge: Erkenne an und feiere, wenn du eine schwierige Situation erfolgreich gemeistert hast. Wenn du deine Fortschritte anerkennst, wird dein positives Verhalten verstärkt und dein Selbstvertrauen gestärkt.

Bleib flexibel und anpassungsfähig

Sei offen für Veränderungen: Verstehe, dass das, was jetzt für dich funktioniert, in Zukunft vielleicht angepasst werden muss. Sei offen für neue Strategien und passe deinen Ansatz an, wenn du wächst und dich veränderst.

> Bleib flexibel und anpassungsfähig, denn der Weg zu einem effektiven Wutmanagement erfordert oft Anpassungen auf dem Weg.

Wenn du dich mit diesen Werkzeugen und Strategien vorbereitest, bist du nicht nur für zukünftige Herausforderungen gewappnet, sondern kannst deine Reise des emotionalen Wachstums und der Resilienz mit Zuversicht fortsetzen.

Wichtigste Schlussfolgerungen

- Um Fortschritte bei der Wutbewältigung zu erzielen, müssen die erlernten Strategien ständig geübt werden.
- Zur Vorbereitung auf zukünftige Herausforderungen gehört es, potenzielle Auslöser zu antizipieren und gesunde Reaktionen zu planen.
- Für das emotionale Wohlbefinden ist es wichtig, eine positive Einstellung zu pflegen, Dankbarkeit zu üben und sich mit positiven Einflüssen zu umgeben.
- Resilienz wird gestärkt, indem du Herausforderungen annimmst, eine Wachstumsmentalität entwickelst und die emotionale Intelligenz förderst.
- Offene Kommunikation und ein starkes Unterstützungsnetzwerk sind wichtig für die emotionale Gesundheit.
- Kontinuierliches Lernen und Offenheit für Feedback tragen zum persönlichen Wachstum bei.

- Regelmäßige Achtsamkeitsübungen und Rituale zur Selbstfürsorge sind wichtig, um das geistige, körperliche und emotionale Gleichgewicht zu erhalten.

Zusammenfassung der praktischen Maßnahmen

- Schreibe jeden Tag drei Dinge auf, für die du dankbar bist, um deine positive Einstellung zu kultivieren.
- Setze dir das Ziel, jeden Monat etwas Neues über Emotionsmanagement oder persönliche Entwicklung zu lernen.
- Nimm dir jede Woche etwas Zeit, um dich mit Freunden, deiner Familie oder Selbsthilfegruppen zu treffen.

Wie sich Danas Temperament auf ihre Freundschaften auswirkte. Sie wurde wegen kleiner Ärgernisse wütend und bedauerte es dann. Sie wollte einen Weg finden, mit ihrer Wut umzugehen, ohne Freunde zu verlieren.

Dana entdeckte, dass sie beim Malen ihre Gefühle ohne Worte ausdrücken konnte. Sie richtete sich zu Hause ein kleines Atelier ein und immer, wenn sie spürte, dass ihre Wut aufstieg, wandte sie sich der Leinwand zu, anstatt um sich zu schlagen.

Das Malen wurde für Dana zu einer Möglichkeit, ihre Gefühle zu verarbeiten. Ihre Freunde bemerkten die positive Veränderung in ihrem Verhalten und Dana fühlte sich wohler mit sich selbst. Ihre Geschichte veranschaulicht die Kraft des kreativen Ausdrucks, um Emotionen zu verarbeiten und Beziehungen zu heilen.

Mit den in diesem Kapitel beschriebenen Werkzeugen und Strategien wirst du darauf vorbereitet sein, mit Zuversicht voranzugehen, auf deinen Fortschritten aufzubauen und zukünftigen Herausforderungen mit Widerstandsfähigkeit und Positivität zu begegnen.

SCHLUSSFOLGERUNG

HERZLICHEN GLÜCKWUNSCH ZUM Abschluss deiner Reise, auf der du lernst, mit deinen Wutproblemen umzugehen. Es erfordert enormen Mut, sich für einen Weg der Selbstverbesserung zu entscheiden, denn an der Schwelle zu diesem Weg musst du dein Ego aufgeben und deine Unzulänglichkeiten anerkennen. Der österreichische Dichter Rainer Maria Rilke hat einmal gesagt: "Die einzige Reise ist die innere Reise". Und die Tatsache, dass du hier auf dieser Seite stehst, beweist, dass du bereits die wichtigsten Schritte unternommen hast, um die Qualität deines Lebens von innen heraus zu verbessern. Dieses Buch ist in die differenzierte Welt des jugendlichen Ärgers eingetaucht und bietet Einblicke, Strategien und Werkzeuge, um diesen wenig diskutierten und verwirrenden Aspekt des Lebens eines Jugendlichen zu bewältigen. Zum Abschluss unserer Erkundung nehmen wir uns einen Moment Zeit, um über die wichtigsten Lektionen nachzudenken und uns zu verpflichten, mit Zuversicht weiterzumachen.

In diesem Leitfaden haben wir die facettenreiche Natur der Wut im Leben von Jugendlichen analysiert und ihre Auslöser, physiologischen Reaktionen und emotionalen Auswirkungen untersucht. Wir haben gängige Missverständnisse entlarvt und uns mit einem tieferen Verständnis für die Rolle des jugendlichen Gehirns bei der Dynamik der Wut ausgestattet.

Wir haben gelernt, unsere Wut zu erkennen und zu verstehen, persönliche Auslöser zu identifizieren und die Kunst der emotionalen Selbstwahrnehmung zu meistern. Indem wir die körperlichen und emotionalen Dimensionen der Wut erforscht haben, haben wir unschätzbare Einblicke in den Umgang mit Wut und deren Abbau gewonnen, bevor sie außer Kontrolle gerät. Wir haben gelernt, wie wir unsere Beziehungen verbessern und unsere Lieben vor irrationalen Wutausbrüchen schützen können, indem wir gelernt haben, wie wichtig es ist, gesunde Grenzen zu setzen und effektive Kommunikationsstrategien anzuwenden. Auf dieser Grundlage haben wir unsere emotionale Intelligenz verfeinert und die Fähigkeit entwickelt, Erwartungen und Frustrationen zu bewältigen und Selbstkontrolle in einer Vielzahl von Situationen zu üben.

Auf unserer Reise haben wir auch Bewältigungsmechanismen und -techniken erforscht, von Achtsamkeitspraktiken bis hin zu selbstbewusster Kommunikation, die uns praktische Werkzeuge für sofortige Linderung und langfristige Wutbewältigung bieten. Wir haben die Auswirkungen der Technologie auf die Wut untersucht und uns gesunde digitale Gewohnheiten angeeignet, um herauszufinden, wie wir die Technologie positiv nutzen können, um unsere Wut zu bewältigen.

Wenn du dieses Buch beendest und zu den praktischen Anwendungen übergehst, denke daran, dass du nicht allein bist. Wie im Buch beschrieben, solltest du erkennen, wie wichtig es ist, Unterstützung und professionelle Hilfe zu suchen. Akzeptiere die Vorteile von Beratung und Therapie sowie den Wert von Selbsthilfegruppen und Peer-Unterstützung. Es ist an der Zeit, mit Zuversicht voranzugehen. Denke daran, deine Fortschritte im Umgang mit deiner Wut aufrechtzuerhalten und dich auf zukünftige Herausforderungen vorzubereiten, indem du widerstandsfähig bist und eine positive Einstellung hast.

Jetzt, wo du eine Fülle von Wissen und praktischen Strategien hast, möchte ich dich ermutigen, diese Werkzeuge in deinem täglichen Leben anzuwenden. Lass dich auf die Reise der Selbstentdeckung und des persönlichen Wachstums ein und sei dir bewusst, dass jeder Schritt, den du machst, dich deinem emotionalen Wohlbefinden und gesünderen Beziehungen näher bringt.

Weisheit verbreiten
Ermächtige andere mit deinem Wissen

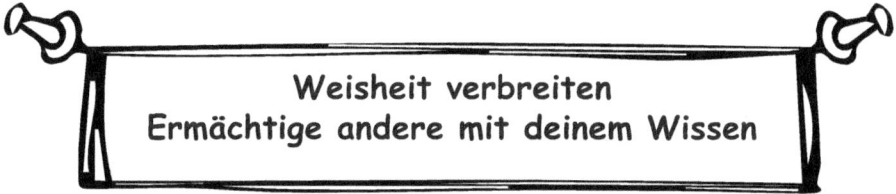

Jetzt, da du alle Werkzeuge erworben hast, um deine Emotionen zu beherrschen und die Herausforderungen der Wut zu überwinden, ist es an der Zeit, dich zu revanchieren und andere Leser/innen zur gleichen Erleuchtung zu führen.

Indem du einfach deine echten Gedanken zu diesem Buch auf Amazon teilst, hilfst du nicht nur anderen Teenagern, die Orientierung zu finden, die sie suchen, sondern entfachst auch ihre Leidenschaft, ihre Wut zu verstehen und zu kontrollieren.

Danke für deinen unschätzbaren Beitrag. Der Weg zur Wutbeherrschung ist nachhaltig, wenn wir unser Wissen weitergeben, und du spielst eine entscheidende Rolle in diesem Bestreben.

Hinterlasse einen Kommentar

leave a review

ABOUT THE AUTHOR

EMMA DAVIS ist eine Frau, die viele Hüte trägt. Sie ist klinische Sozialarbeiterin, Therapeutin und Finanzberaterin sowie Autorin von Effektives Wutmanagement für Jugendliche.

Ihre Bücher richten sich an Teenager und decken ein breites Spektrum an Themen ab, darunter Lebens- und Bewältigungskompetenzen, DBT-Techniken, Finanzen, Pubertät, die Entwicklung einer Wachstumsmentalität und Karriereplanung. Sie konzentriert sich auf die einzigartigen Herausforderungen, mit denen Jugendliche in ihrer emotionalen und physiologischen Entwicklung konfrontiert sind, und gibt den Lesern eine solide Grundlage für ihr Verständnis.

Emma nutzt die Erfahrung und das Fachwissen aus all ihren Rollen sowie ihre Erfahrung als Mutter, um junge Menschen durch die schwierige Phase der Adoleszenz zu begleiten. Sie betreibt eine therapeutische Praxis und eine Agentur für finanzielle Bildung, die auf Teenager zugeschnitten ist, und hat mit einer Vielzahl von jungen Menschen gearbeitet, die mit einer Vielzahl von praktischen und emotionalen Herausforderungen konfrontiert sind. Außerdem bietet sie mehrere Online-Kurse zu den Themen zwischenmenschliche Fähigkeiten, Dankbarkeit, Glück und Freude an und betreibt 10 Wohnheime für Erwachsene mit Behinderungen und psychischen Problemen, die ebenfalls in ihre Arbeit einfließen.

Emma ist verheiratet und hat 9 Kinder im Alter von 3 bis 22 Jahren. Sie genießt es, Zeit mit ihrer Familie zu verbringen, Jiu Jitsu zu trainieren und ihre fotografischen Fähigkeiten auszubauen.

Hilfe für Jugendliche bei Finanzen, Wutmanagement, psychischer Gesundheit und Zukunftsplanung

Von
EMMA DAVIS
Erhältlich bei Amazon oder wo immer Bücher verkauft werden

Wenn du mehr darüber erfahren willst, wie du Teenagern mit Finanzen, Wutbewältigung, psychischer Gesundheit und Zukunftsplanung helfen kannst, melde dich für meinen Newsletter an!

unter www.emmadavisbooks.com

REFERENZEN

1. Spielberger, C. D., Krasner, S. S., & Solomon, E. P. (1988, Januar 1). Das Erleben, der Ausdruck und die Kontrolle von Wut. Beiträge zur Psychologie und Medizin. https://doi.org/10.1007/978-1-4612-3824-9_5

2. Batrinos, M. L. (2012). Testosteron und aggressives Verhalten bei Männern. International Journal of Endocrinology and Metabolism, 10(3), 563.

3. Šimić, G., Tkalčić, M., Vukić, V., Mulc, D., Španić, E., Šagud, M., Olucha-Bordonau, F. E., Vukšić, M., & Hof, P. R. (2021, May 31). Emotionen verstehen: Ursprünge und Rolle der Amygdala. Biomoleküle. https://doi.org/10.3390/biom11060823

4. Roemmich, J. N., & Rogol, A. D. (1999, Januar 1). Hormonelle Veränderungen während der Pubertät und ihre Beziehung zur Fettverteilung. Wiley Online Library. https://doi. org/10.1002/(SICI)1520-6300(1999)11:2

5. Castillo-Eito, L., Armitage, C. J., Norman, P., Day, M., Doğru, O. C., & Rowe, R. (2020, June 1). How can adolescent aggression be reduced? Eine Meta-Analyse auf mehreren Ebenen. Clinical Psychology Review. https://doi.org/10.1016/j.cpr.2020.101853

6. Yadav, P. K., Yadav, R. L., & Sapkota, N. K. (2017). Wut; ihre Auswirkungen auf den menschlichen Körper. Innovare Journal of Health Sciences, 4(5), 3-5.

7. Staicu, M. L., & Cuţov, M. (2010). Wut und gesundheitliches Risikoverhalten. Zeitschrift für Medizin und Leben, 3(4), 372.

8. Friedman, H. H. Überwindung kognitiver Verzerrungen: Wie du die Denkfallen erkennst und herausforderst, die dich unglücklich machen.

9. Fiess, J., Rockstroh, B., Schmidt, R., & Steffen, A. (2015, Dezember 1). Emotionsregulation und funktionelle neurologische Symptome: Wird Emotionsverarbeitung zu sensomotorischer Aktivität? Journal of Psychosomatic Research (Print). https://doi. org/10.1016/j.jpsychores.2015.10.009.

10. Herringa, R. J. (2017, 19. August). Trauma, PTSD und das sich entwickelnde Gehirn. Aktuelle Psychiatrieberichte. https://doi.org/10.1007/s11920-017-0825-3

11. Tang, Y. Y., Tang, R., & Posner, M. I. (2016). Achtsamkeitsmeditation verbessert die Emotionsregulation und reduziert den Drogenmissbrauch. Drug and Alcohol Dependence, 163, S13-S18.

12. Kövecses, Z. (2010, 14. Dezember). Wut: Ihre Sprache, Konzeptualisierung und Physiologie im Lichte kulturübergreifender Erkenntnisse. De Gruyter. https://www.degruyter. com/document/doi/10.1515/9783110809305.181/ pdf?licenseType=restricted

13. von Salisch, M., & Vogelgesang, J. (2005). Wutregulierung unter Freunden: Bewertung und Entwicklung von der Kindheit bis zur Adoleszenz. Journal of Social and Personal Relationships, 22(6), 837-855.

14. Debaryshe, B. D., und Fryxell, D. (1998). Eine Entwicklungsperspektive auf Wut: Familien- und Peer-Kontexte. Psychologie in der Schule, 35(3), 205-216.

15. 15. Ausgabe - 14. Jahrgang, Juli 2017, Ausgabe 3. (n.d.). https://biblioscout.net/ journal/ pm/14/3#page=30

16. Lehane, O. (2019, 1. März). Frustrationsbewältigung: Eine Grounded-Theory-Studie über CVE-Praktiker/innen. DOAJ (DOAJ: Directory of Open Access Journals). https:// doi.org/10.4119/ijcv-3105

17. Wright, S. F., Day, A., & Howells, K. (2009, September 1). Achtsamkeit und die Behandlung von Wutproblemen. Aggression and Violent Behavior (im Druck). https://doi. org/10.1016/j.avb.2009.06.008.

18. Bickram, S. (2019). Eine quantitative Analyse der Kommunikationsstile Wut und Durchsetzungsvermögen unter Online-Studierenden (Dissertation, Keiser University).

19. Malmir, R., & Nedaee, T. (2019). Der Zusammenhang zwischen Wutmanagement und körperlicher Aktivität. Gesundheit, 21(4), 284-291.

20. Steffen, S. L., und Fothergill, A. (2009, März 1). 9/11 Volunteerism: A pathway to personal healing and community engagement. the Social Science Journal/la Revista de Ciencias Sociales. https://doi.org/10.1016/j.soscij.2008.12.005

21. Sharma, M. K., Sunil, S., Roopesh, B. N., Galagali, P., Anand, N., Thakur, P. C., Singh, P., Ajith, S., & Murthy, K. D. (2020, Januar 1). Digitales Versagen: Ein aufkommendes Motiv für Wutausbrüche bei Heranwachsenden. Industrial Psychiatry Journal/Revista de Psiquiatría Industrial. https://doi.org/10.4103/ipj. ipj_81_19

22. Wollebæk, D., Karlsen, R., Steen-Johnsen, K., & Enjolras, B. (2019). Wut, Angst und Echokammern: Die emotionale Grundlage des Online-Verhaltens. Social Media+ Society, 5(2), 2056305119829859.

23. Almourad, M. B., Alrobai, A., Skinner, T., Hussain, M., & Ali, R. (2021, November 1). Digitale Tools für das Wohlbefinden aus der Sicht der Nutzer. Technology in Society (Print). https:// doi.org/10.1016/j.techsoc.2021.101778

24. Sadagheyani, H. E., Tatari, F., Raoufian, H., Salimi, P. S., & Gazerani, A. (2021, Mai 1). Die Auswirkung von multimedialem Unterricht auf die

Wutbewältigungsfähigkeiten von Studierenden. Medizinische Ausbildung (Print Ed.). https://doi.org/10.1016/j.edumed.2020.09.020

25. Kassinove, H., und Sukhodolsky, D. G. (1995). Aggressionsstörungen: Grundlagen und praktische Fragen. Umfassende pädiatrische Pflegefragen, 18(3), 173-205.

26. Üzar-özçetin, Y. S. (n.d.). Auswirkungen der strukturierten Gruppenberatung auf die Wutbewältigungsfähigkeiten von Krankenpflegeschülern | Journal of Nursing Education. Journal of Nursing Education. https://journals.healio.com/doi/abs/10.3928/01484834-20170222-10

www.ingramcontent.com/pod-product-compliance
Lightning Source LLC
LaVergne TN
LVHW052026080426
835513LV00018B/2177